"名家名篇进校园"系列

中篇小说选·小学卷

（第1辑）

主　　编○高长梅

分册主编○阎纂业

图书在版编目(CIP)数据

名家名篇进校园系列.中篇小说选.小学卷.第1辑/高长梅主编;阎纂业分册主编. -- 石家庄:花山文艺出版社,2012.12(2021.7重印)
 ISBN 978-7-5511-0777-8

Ⅰ.①名… Ⅱ.①高… ②阎… Ⅲ.①阅读课 – 小学 – 课外读物 Ⅳ.①G624.233

中国版本图书馆 CIP 数据核字(2013)第 000632 号

丛 书 名:名家名篇进校园系列
丛书主编:高长梅
书　　名:中篇小说选·小学卷·第 1 辑
分册主编:阎纂业

策　　划:张采鑫
责任编辑:董　舸
责任校对:齐　欣
特约编辑:李文生
全案设计:北京九洲鼎图书有限公司
出版发行:花山文艺出版社(邮政编码:050061)
　　　　　(河北省石家庄市友谊北大街 330 号)
销售热线:0311-88643221
传　　真:0311-88643234
印　　刷:永清县晔盛亚胶印有限公司
经　　销:新华书店
开　　本:650×1080　1/12
字　　数:125 千字
印　　张:14
版　　次:2013 年 5 月第 1 版
　　　　　2021 年 7 月第 2 次印刷
书　　号:ISBN 978-7-5511-0777-8
定　　价:36.00 元

(版权所有　翻印必究·印装有误　负责调换)

动物世界○闫耀明 …………………………………… 001

奶奶的村庄○黄春华 …………………………………… 033

正午的植物园○薛 涛 …………………………………… 084

罕山脚下的枪声○许廷旺 …………………………………… 122

动物世界

闫耀明

你千万不要误会,这里的《动物世界》与电视中赵忠祥解说的《动物世界》完全不是一回事。这可是具有我们初三(1)班特色的动物世界呀!

你一下就能猜到,这些动物名称都是绰号,但它们一点儿也不包含贬义。

这些绰号都是我给起的(千万别说是这么回事)。我是班级里有名的消息灵通人士嘛,没这点本事哪行?当然,我自己也有一个绰号,是丁一这只耗子给起的。叫什么?不告诉你——保密!

孔　雀

孔雀是指我们初三(1)班班主任于老师。

我想了好几天,感到没办法不管她叫孔雀,因为虽然她长得非常漂亮,但嘴特尖厉,批评起人来一点儿不留情面,收拾班上的调皮生,特狠。我们常常感到氧气不够用,上不来气儿。

要是评选全锦城最漂亮最严厉的班主任老师,孔雀一定能得冠军。

孔雀总是穿一套布满碎花的连衣裙,有时裙边上弄脏了,也不换一换,老是盯着这一套裙子穿。叫她孔雀,就更形象了。

孔雀教我们英语,听说她是大连外国语学院的高才生。在我们学校,孔雀的教学水平也是数一数二的,深得校长的赏识。

这不,在前几天的单元测验中,我们初三(1)班又是名列全校第一。

孔雀很高兴,从办公室里走出来时,嘴咧着,笑容像蝴蝶一样在她的脸上不停地飞来飞去。

我一下子就能猜出孔雀的心理状态,现在距离中考只剩下不足三个月的时间了,在这个时候考出这样好的成绩,就预示着在中考中,我们初三(1)班考入重点高中的学生将是全校最多的。

孔雀说这是她的最大心愿。她能不高兴?

我把这个重大发现告诉了耗子。耗子乐得一拍大腿,叫道,我们今天将有足够的氧气可以呼吸啦!

耗子是学习委员,属于"领导干部"。耗子的话一出口,同学们都轻松下来,长长地出了一口气。公鸡从书包里拿出乐谱,一边摇头晃脑,一边哼唱;猫头鹰赶紧趴在桌上,闭上眼睛就睡,猫头鹰习惯白天睡觉;兔子开始写日记,她太内向,话少,话都被她写到日记本上了;肥猪放下钢笔,揉揉眼睛,开始做眼保健操;其他人开始交头接耳,教室里很热闹,好像一下子涌进来一万只蜜蜂。

我也没闲着,冲坐在前面的肥猪做了个猪脸。

得意,则容易忘形。正当大家一派轻松的时候,教室的门悄无声息地开了,门口站着的,是脸色铁青的孔雀。

她的脸上,一点儿笑容也没有啦。

教室里一下子静了下来。孔雀十分准确地从公鸡的手里拿去了乐谱,又责令兔子收起日记本,然后她走到猫头鹰跟前,在桌面上敲了两下。

猫头鹰睡着了,一点儿反应都没有。孔雀忍无可忍,在桌上"啪"地拍了一下。猫头鹰"腾"地跳了起来,一边东张西望看是怎么回事,一边用手背擦嘴角上流下来的口水。

孔雀的眼睛真尖,只在教室门口站了几秒钟,就看清了教室里的一切。她十分准确地点出了每一位违反自习课纪律的同学名字。

孔雀没有点我的名字,我心里暗自高兴。

可随后孔雀把手指尖尖地指向了我,还有你,鬼脸做得倒是蛮有水平的。

完了,挨一顿急风暴雨似的批评,已经无法避免了。

可孔雀做出了一个比挨批评更可怕的决定:明天下午,召开家长会!

开家长会意味着什么?大家都蔫了下来。

可我没蔫,第二天上午,我就向同学们透露了一个天大的好消息:开家长会一般都是由学校统一安排,不允许班主任自己随便开家长会。

哇!天大的好消息!同学们乐坏了。

我们躲过了一劫!

然而我们一点儿也没有想到,孔雀还有补救的办法:请你们把老师家里的电话号码记下来,晚上,让你们家长给老师打电话!

耗子问我,敢不敢故意记错孔雀家的电话号码?

哪敢!我撇撇嘴,耸耸肩,无可奈何地摇摇头。

可是孔雀的惩罚内容还没有完,大概是她觉得这样做还不够狠。

孔雀的目光在同学们的脸上扫了一遍,然后指着我说,你,今天晚上写一篇作文,把鬼脸的做法、注意事项、效果等内容写清楚,明天交给我。

你。她指着兔子说,你今天晚上把你写的日记内容翻译成英语,明天交给我,不许翻译错。

你。她指着公鸡说,你把英语课文读熟,尤其要注意朗读的语调。我明天检查你。公鸡唱歌不错,可读英语却很糟糕,那语调也跟唱歌似的,听了让人心里发紧。

其他同学。孔雀又在大家的脸上扫视了一遍,说,每人用英语写一篇200字以内的短文,介绍你自己。明天交给我。

耗子看了看我,悄声说,氧气又不够用啦。

放学的时候,同学们的情绪都很低。多完成一些作业问题不大,让人担心的,是晚上家长得给孔雀打电话。

谁知道在电话里孔雀会说些什么。我们都有点儿提心吊胆的。

耗子说,我们长时间生活在缺氧的环境里,大脑怎么会受得了呢?

公鸡说,你真是只笨耗子。我们不会想办法搞点儿高锰酸钾,自己给自己生成一点儿氧气填补填补?

耗子说,实验室的门锁得比监狱还紧,到哪儿去弄高锰酸钾去?

笨笨笨!你真是只超级笨耗子。公鸡急得脸红得真像一只公鸡。我说的是那个意思,自己放松放松,谁让你去弄高锰酸钾啦?

兔子说,我日记上的内容,不想让孔雀知道。

受公鸡启发,我给兔子出主意。那你就动点儿脑子,来个移花接木。你今天吃的要是胡萝卜,明天送给孔雀一把猪尾巴草不就行啦?

你才吃猪尾巴草呢!肥猪不高兴了。

我们嘻嘻哈哈笑成一团。

回到家里,我笑不出来了。

妈妈已经做好了饭。妈妈在《锦城日报》当编辑,工作不太紧张。爸爸没有回来,他工作太忙。直到我和妈妈吃完饭,爸爸还没有回来。我就和妈妈说了打电话的事。

妈妈说,你调皮了吧?

我轻描淡写地说,就是自习课上说了几句话。

妈妈不悦地看了我一眼,开始打电话。

可孔雀家的电话没人接。

我的作业快写完了,爸爸才回来,还拎着一塑料兜水果。爸爸说,我在街上看到你们班于老师了。

我的心一沉。

爸爸接着说,于老师正帮助她爱人卖水果,买水果的人还真挺多,有不少都是学生家长。我也买了点。她爱人的工厂减员,她爱人被减了下来,够难的。她的女儿就坐在马路边上写作业,看了真让人心酸。

我的心里有些难受。

妈妈再次打电话时,孔雀接了。我听出她是刚刚回到家里。

妈妈说,我的孩子不懂事,又让您操心了,真不好意思。

我的心里更难受了。

我暗自告诉妈妈:我已经懂事了。

耗　子

耗子是班级学习委员,本名叫丁一。

耗子最突出的特点是眼睛特别贼,考试时爱偷看别人的卷子,怎么防都防不住。每次阶段测验、模拟考试、单元测试,耗子总是很容易就得手。耗子的成绩也就在全班保持着前五名。

肥猪就说,咱们初三(1)班的"三防"应该改为防火防盗防耗子啦。

但耗子不以为然。喜不自禁地说,别费那个心思啦,你们防不住我。

毛驴说,耗子长大了要是不成为超级小偷,真是屈才了。

公鸡说,任何事情都有两个方面,要是耗子干了刑警,一定是超级侦探。

耗子摆摆手,你们可别抬举我了,我的目标,是考上重点高中,然后,直取北大。

猫头鹰就笑得咪咪响,肩还一耸一耸的。你连阶段测验都得靠偷看别人卷子过关,还直取北大呢。我看中考高考时你就该找不着北啦,更不用说北大了。

我觉得猫头鹰的话特有道理,说,对,到了中考高考时,耗子肯定没电。

其实耗子学习还是挺刻苦的,除了完成各科作业之外,他总是给自己加压力,做了许多类型题。同时,他重点练习的是作文。

这一点别人不一定知道,但我清楚。因为耗子不止一次地向我请教作文的问题,他比较清楚地意识到了自己的弱项是作文。

学习委员连作文都写不好怎么行?耗子常常这样提醒自己。

我给他出主意,找个作文老师当家教,补一补吧,中考时,作文占好几十分呢。

耗子有点为难。我爸爸妈妈挣那点钱,我说不出口哇。

可耗子还是请了家教,专攻作文。

耗子说,语文老师说我读的书少,经历的事见识的事少,脑袋里就发空,写不出东西来。我也感到,每次写作文时,心里总是发虚,既怕写跑题了,又总觉得没什么话说。

我说,找到了原因,你的作文一定很快就提高上来的。

有一天晚上,我都进被窝睡觉了,耗子突然打电话过来。

耗子说,我最近这几天不去上学了,我已经跟孔雀请了病假。如果有同学要张罗来看我,你一定要帮我拦住,别让人来。

我一猜就知道耗子有什么鬼主意了。

你小子,啥病没有吧?我问。

耗子说,当然,否则不至于这么紧张。告诉你,我是跟我爸爸一起出一趟门,大概四五天才能回来。

耗子的爸爸是一家公司的业务员,常出差。

去哪儿?我也来了兴趣。

这个你就别问了。耗子说,反正我没离开地球,这件事就拜托你啦,一定替我保密。

我说,你连孔雀都敢骗,胆子不小哇。

没办法。耗子说,否则我怕请不了假。孔雀不会那么大方的。

回到被窝里,我想,耗子这一趟,肯定去了南方。

语文老师不是说他经历的事见识的事太少吗?

真难为了耗子的父母。

耗子一走就是五天。

事后耗子也有点后悔,尽管耽误的课程他不太在乎,但百灵鸟飞走了,耗子没有赶上,没有为她送行,耗子感到很遗憾。

另外,这一趟,耗子花了不少钱。

那天晚上,我正要上床睡觉,耗子打电话过来。

我刚刚到家。他的语气中充满了掩饰不住的兴奋。

我"哧"地笑了一下,说,不愧是耗子,一律是夜间行动。

火车晚点了啦。耗子说,这次出门,我既坐了飞机又坐了火车,跑了一省两市,到了广东、上海,还有北京。

你小子,够神气的。我有点羡慕耗子。

可我妈妈却神气不起来了。我花的钱,对于我妈妈来说,简直就是天文数字。

我说,那也值,游览了祖国的大好河山,花点钱算什么。

耗子说,我准备写三篇文章,写完了你给我看看。这次出去,我爸爸妈妈交给我的任务,就是要写三篇文章。为了我的作文,他们舍出了血本,把定期存款都提前支取了。

我很痛快地答应了耗子:行!

可第二天耗子没有上学。

他这回可是真的病了,大概是出去一趟上火了。

而且,耗子一病就趴了三天。

这次,同学们张罗去看看耗子,我没有拦着。几个同学来到了耗子家。

耗子病歪歪的样子让大家很解气。

兔子说,看你还有没有精神看别人的卷子。

公鸡说,其实有病挺好的。

众人大惊。你是不是成了一只瘟鸡?

公鸡振振有词,病时往床上一躺,不用上课不用考试,还有人来探望,说一些体贴关心的话,多温馨哪。

耗子无力地笑了一下,你们谁说温馨的话啦?

我告诉耗子,还有一个更坏的消息哪。我们刚刚进行完第一次中考模拟考试,你没有参加上。听孔雀说,准备给你单独开小灶。请你到办公室去考,在孔雀的眼皮底下考。

猫头鹰说,这下耗子可没法看别人的卷子啦。

肥猪和毛驴不约而同地说,耗子彻底没电了。但耗子不以为然,一副满不在乎的样子。

我们都幸灾乐祸,笑成一团。

大家做好了准备,准备看看耗子没电时是什么样子。

哪知,耗子有电! 耗子是在孔雀的眼皮底下答的卷,而且,几科试卷的答卷时间比规定的时间总共节省了一个多小时。

耗子的成绩评出来了,在全班的排名,居然还是第五名!

同学们目瞪口呆。

耗子却扬扬得意。

耗子说,其实我平时考试时,那些题基本上都会做。我偷看别人的卷子,并不是照别人的答案抄,而是对自己的答案不放心,怕出错,看一看别人的答案是多少,好像这样心里才有底似的。

耗子肯定地说,我的问题其实不是学习问题,而是心理问题。

众同学点头呈鸡啄米状,尤以公鸡的动作最逼真。

耗子还透露了他的野心:等我的作文再练得好一些,我争取进全年级前五名!

兔　　子

第一节是英语课,兔子又迟到了。

孔雀很不高兴,打量站在教室门口的兔子足足有一分钟。

米雪,你怎么又迟到了?

孔雀的语气却没有我们想象的那么严厉。

奇怪!

这样软绵绵的话,哪像出自孔雀的口?

我……兔子犹犹豫豫地说不出话。她的胸脯起伏得厉害,喘着、胆怯地看着孔雀。她脸上的疲惫相,像刚刚跑完马拉松。

好啦。孔雀说,快到座位上去吧,把书拿出来,今天我们讲语法,认识一下"现在完成时"。

奇怪奇怪真奇怪!

我和耗子对望一下,然后就看孔雀。

孔雀跟什么事情也没有发生一样,拿出粉笔,转身往黑板上写字。

兔子迅速往座位上走,我看到她的眼睛还是红红的。

兔子嘛,眼睛不红怎么叫兔子呢?

她一定是昨天晚上又熬夜学习了。

要不为什么她的眼睛经常那么红呢?

耗子曾对我提出过不同意见。耗子说,米雪应该叫白兔。她不但眼睛红,脸还苍白呢。叫她白兔,更贴切、更形象。

我说,她的脸苍白就是这几天的事,也不能老是"现在进行时"呀!不能叫白兔,兔子就行啦。

果然,没几天,兔子的脸就不那么白了。但眼睛仍旧是红的,叫她兔子,一点儿没错。

兔子的学习成绩实在是一般化,在班级里从未进过前十名,熬夜学习也是应该的。

其实我们对兔子的了解都很少,虽然我们在一个班级里读书。因为兔子的性格内向,不爱说话,平时很少与同学们交流,就是女同学也没有谁跟她是"死党"。

所以兔子写日记就写得很凶,天天写。那厚厚的日记本,就是兔子装载心事的一个神秘小屋。

自然,这个神秘小屋,是谁也进不去的。

但今天孔雀的反常举动令我备感脸上无光,著名的消息灵通人士居然连这是为什么都毫不了解,还算得上消息灵通人士吗?

我决定了解一下。

可我的了解进行了好几次,却毫无效果。关于兔子,我手上掌握的背景资料很有限,只知道她爸爸妈妈已于去年协议离婚,兔子跟她爸爸。她爸爸是一个机关食堂的大师傅,炒一手好菜,收入还可以。

其实,我曾经提醒过自己,兔子的眼睛常常是红的,这本身就不正常。哪个健康的中学生眼睛是红的?

但这其中的缘由,我这个消息灵通人士也说不清楚了。后来我放弃了了解,因为离中考越来越近了,我也不能老是琢磨这些事情而耽误了学习呀。

兔子学习十分认真,也十分用功,用功到什么程度呢?连课间休息的十分钟她都不浪费,同学们到操场上玩去了,她还在座位上坐着看书。时间对于兔子来说,好像比命都值钱。

兔子走路特迅速,两条腿摆动的频率很快,而且是悄无声息的,一点儿声音也听不到,好像怕吓着谁一样。

一只胆小的兔子。

对于发生在兔子身上的一些奇怪的事情,我已经放弃了了解。但随后发生的另一件事情再次引起了我的注意,了解事情真相的欲望像一道极富挑战性的数学题,让我无法割舍。

就在那天下午,孔雀当着全班同学的面喊出了兔子。米雪,你到老师办公室来一趟,我给你再说一说现在完成时。

同学们面面相觑。

我手中的钢笔变成了一根直木棍,好半天也没有写出一个字

来。

后来我无意中得到了答案,真是踏破铁鞋无觅处,得来全不费工夫。

晚上,吃晚饭的时候,妈妈问我,你班上是不是有个叫米雪的女生?

是呀,我没在意,继续吃饭。

妈妈说,这孩子,太可怜了。

我一下子停住了,饭在嘴里含着也没有嚼。我看着妈妈,等她的下文。

妈妈不紧不慢地说,关于米雪的事情,我们报社的记者采访来一篇稿子,在报上发表了,希望能引起社会的关注。主人公米雪用的是化名。

说着妈妈从兜子里拿出了当天的《锦城日报》。

我一把夺过来看。

晚上,我没有睡好觉,我有了个主意,我觉得我们应该为兔子做点什么。

第二天,我把耗子、公鸡以及肥猪找到教学楼的拐角处,商量对策。

我没有找猫头鹰和毛驴,有他们在,事情容易乱套。

我表情严肃地对大家说,知道兔子为什么眼睛经常是红的吗?知道兔子为什么经常迟到吗?因为兔子的爸爸又找了个女人。那个女人是公司职员,带着个八岁的小男孩。这一下,兔子就等于来到了悲惨世界。

大家的眼睛都瞪圆了,看着我。

我说,兔子每天不但要负责买菜、做饭、洗衣服,还要伺候那个八岁的小崽子。那个女人,心贼狠,使唤兔子像使唤奴隶,全部的

家务活都由兔子来做,兔子要学习只有等到活干完了,别人都睡下之后。早晨,兔子早早起床出去买早点,还要送那个小崽子上学,然后才能跑着来到学校。难怪她经常迟到。

耗子砸了下拳,可恨的女人。

更可恨的是兔子她爸爸!公鸡怒不可遏,脸都涨红了。

肥猪挥了下拳头,我们不能让兔子受这样的气,我们不能见死不救。

我说,对,我们不能作壁上观,得去给兔子出出气。

没想到兔子突然就出现在我们面前。

你们不要去。你们千万不要去!

兔子真的急了。我爸爸妈妈离婚,是我妈妈跟别人好上了,对我爸爸打击特别大。要是我爸爸再离婚,我担心他会挺不住的。你们千万别去找那女人,否则我的日子就更不好过了。

说话时兔子的红眼睛里流下泪来,她的手像一张苍白的纸,无声无息地摇着。你们千万别去。谢谢你们关心我,我没事的,能挺住。

泪水在兔子的脸上淌得一塌糊涂,我们几个人的眼眶里也湿了。肥猪哭着一下把兔子搂在了怀里。

兔子走开了,捂着满是泪水的脸快步走开了。

我们几个人站着,好久没有动。

我觉得我们应该也能够为兔子做点什么。

公　　鸡

刘哲是全校整个初三年级唯一的一个男生文艺委员。

刘哲当选班级文艺委员还有一个典故呢。

那天放学后,刘哲把我拉到路边,说,帮个忙。

我一猜就是他想当文艺委员的事,因为放学前,孔雀说准备第二天选班干部。

但我故意问,什么事?

刘哲嬉笑着从书包里拿出一张《锦城日报》。

我看到"文化生活"版面上登着记者对刘哲的采访记录。那次,刘哲参加了全市中学生歌咏比赛,并获得了一等奖。报纸上还登了刘哲的照片和小档案:

姓名:刘哲

性别:男

生日:2月10日

星座:水瓶座

最崇拜的歌星:刘欢

最喜欢的格言:浓厚的兴趣是成功的一半

最大的心愿:成为一名歌唱演员

奋斗目标:考入中央音乐学院

看完报纸,我佯装刚刚明白他的意思,点了点头,说,我可以帮你什么忙?

刘哲小心翼翼地收好报纸,在自己的鼻子上摸了一下。天很冷,刘哲的鼻子都冻红了。明天选文艺委员时,你帮我开一炮,提名由我来当文艺委员。

只要有人提,其他人就只好随声附和了,我当选也就差不多了。刘哲又说,还踩了踩脚,踩了踩脚下的雪。

我也跺了跺脚,说,你一个大老爷们儿咋那么想当文艺委员?我亮出一副不解的样子,别的班可都是女生当文艺委员哪。

刘哲笑了一下,说,我不是有这个爱好嘛,当了文艺委员,有助于我的发展。这一点,你不是早就知道吗?

这个刘哲,真是哪壶不开提哪壶。他的那点爱好,我何止是知道?简直就是烦得要死。

我和刘哲家住的是前后楼,站在我家阳台上,可以清楚地看到他家阳台上的一切。有了这个方便条件,我跟刘哲联系就方便多了,也节省了不少电话费。有事时站在阳台上喊一嗓子,他就溜出来了。我们这样对过作业题的答案,问过电视节目,还唠过闲嗑呢。

方便之后烦恼就来了。自打刘哲获得中学生歌咏比赛一等奖以来,这小子天天早晨起来站在阳台上吊嗓子,比公鸡起得都早,还特准时。每天都是我还没睁开眼睛,他那边就喊上了。

咿咿咿——

呀呀呀——

啊啊啊——

我的困劲还没有过去,可怎么也睡不着啦。我就气愤地爬起来,冲到阳台上对刘哲大喊大叫,以示抗议。

可刘哲好像耳朵里塞了东西,根本没有反应,依旧站在那儿,一副自我陶醉的样子,张着大嘴,举着胳膊,全神贯注地继续吊嗓子。

于是我毫不犹豫地给刘哲起了个绰号——公鸡。

公鸡可怜巴巴地看着我,说,这开头,只有你来给我提了。

我说,你这不是走后门吗?属于不正之风。我把脚下的雪踢起来。

公鸡一脸的苦笑,唉,没办法,就像阎维文喜欢收集酒一样,得

意这口儿哇!

公鸡不知从哪儿弄来的情报,搜集了不少歌星们业余爱好的资料。

真是求人矮三分,公鸡的样子特可怜,一点儿也没有真正的公鸡那种威风凛凛的气势。

把公鸡的美称送给刘哲,让他占便宜了。

我有点冻脚了,不想和他磨牙,就很仗义地拍了拍胸脯,行,明天我首先提你当文艺委员。

公鸡乐得不停地点头,像在吃米。

我没有食言,真的在班会上第一个站起来提出了刘哲的名字。

公鸡在座位上看着我,暗暗地竖了竖大拇指。

结果,公鸡如愿以偿。

公鸡特高兴,像真成为歌星似的,美得一天没合上嘴。

我提醒他,你应该去看看牙医。

为什么?公鸡一愣。

我说,让牙医帮你检查检查你的牙有没有受风着凉。

去你的。公鸡打我一拳。我请你吃烤鱼片。

元旦快要到了,公鸡组织了一台文艺晚会,由同学们自编自演一些小节目。

这是公鸡当选文艺委员之后,第一次组织大型活动。公鸡干得特卖力气。他首先搞了摸底调查,让同学们自己报了节目,然后他又对节目进行了必要的调整,排出了节目单。接下来就是排练,公鸡一个节目一个节目地帮助同学排,不时做一些指导。服装道具他也积极帮助借。

看公鸡忙得不可开交,我和耗子也伸了手帮了忙。节目之间的串联词是我给写的,耗子则把家里的一台收录机拎到了教室。

正当公鸡准备的晚会进行得热火朝天时,却出了事。

他们排练节目都是利用放学后的时间在教室里进行,等练完了,时间已经晚了,天早就黑了。肥猪家在城郊住,离学校远,公鸡就送她。这天他们遇到了抢劫的小流氓,虽然没有被抢去钱(他们身上没钱),但公鸡为了保护肥猪,也为了给自己壮胆,放开嗓子大喊大叫,结果被小流氓扎了一刀。伤势虽然不重,他还是住进了医院。

公鸡蔫了好几天,大叫倒霉。

我去医院看他时说,都是当个破文艺委员把你闹的。

可公鸡很快就阴转晴,成了病人中唯一的乐天派,躺在病床上,嘴里不停地哼曲子,像牙疼。

他还给护士们唱歌。公鸡唱得的确不错,听得护士们直叫好。

我去医院时,那个满脸皱纹的护士长就笑嘻嘻地对我说,刘哲同学将来一定能成为歌星,著名歌星。

你听听你听听。公鸡耳朵倒尖,听见了,在病床上叫起来,护士大夫们都说我能成为歌星。

公鸡说话时一脸的得意。

我已经跟大夫护士们说好了,争取在元旦之前治好我的伤,我好去主持文艺晚会。我不能半途而废呀。公鸡美滋滋地设想着。

可我看着他那喜气洋洋的脸,却在心里叫了一句:

你是一只笨鸡呀!

我的衣兜里就装着公鸡的阶段测验成绩单,公鸡的成绩是马尾巴拎豆腐——提不起来。他再次成为掩护部队的一员。

我把成绩单按在衣兜里,没有交给他。

肥　　猪

实事求是地说,我给赵美娜起肥猪这个绰号有点过分。

虽然赵美娜很胖,走起路来一扭一扭的,还特能吃,比男生都能吃,但叫肥猪,总不大好听。

我有点担心,怕赵美娜冲我舞拳头。

她的手握起拳头来,比我的拳头还大还硬,像个铁疙瘩。

没想到赵美娜开朗得让人吃惊。她居然对肥猪这个称号很无所谓。

肥猪就肥猪。她说,肥猪有什么不好?咱有这个本事,喝凉水也长肉。你长一身肉咱瞧瞧,撑死你也长不出来。

她的话说得十分轻松。

肥猪的学习成绩特好,每科都十分优秀,哪次大小考试,她都排在班级一二名,在全年级组,她也是排在前十名,考上重点高中,是轻而易举的事。

孔雀就十分喜欢肥猪,不止一次当全班同学的面说肥猪如何如何可爱。

可肥猪似乎对孔雀的赞赏不以为然,而且,有一次还让孔雀碰了一鼻子灰。

在改选班干部时,大家选完了文艺委员公鸡,接着就选生活委员。出人意料的是,孔雀首先提名肥猪当生活委员。孔雀的提议,谁敢说不行?大家就一致举手赞成。

可有一个人站起来表示反对,就是肥猪本人。

我不同意我当生活委员,因为我不适合。我生活自理能力太

差,怕管理不好班级。

肥猪说的是实话。你可以看看她的课桌里和书包里,乱得没法说。随便一掏你就可以掏出一把废纸团、破钢笔帽、断塑料尺、铅笔头等东西。她的书本一律是卷着角翻着边的,又脏又破,好像她家里有什么大事需要她去忙似的,写完作业把书本往书包里一塞就完事,上学时把书包往自行车车筐里一扔就走。

肥猪的话很突然,孔雀一愣。

在初三(1)班,孔雀说的话没有不算数的时候,更没有人敢提出反对意见。

今天肥猪可是吃了豹子胆啦。

但孔雀并没有生气,冲肥猪摆了摆手,示意她坐下。

孔雀说,我们尊重赵美娜的个人意见,大家另提别的同学吧。

这时我们都意识到,孔雀对学习好的学生,总是网开一面的。

但是有一个问题我们一直不懂,就是孔雀提名肥猪做班干部,为什么肥猪不干呢?

说心里话,不怕你笑话,我特想当班干部,有一段时间我都想过要当班长,可想来想去觉得自己真的不是那块料,就自动降低了标准,觉得自己当班长、团支部书记、学习委员这类比较重要的干部不行,当个生活委员、劳动委员什么的总可以吧?可惜,孔雀根本就没把我放在心上,别的同学也没有人为我提名,想当班干部这事,就只好泡汤了。

不但自己没有当上班干部,还为人做了一次嫁衣,成全公鸡如愿以偿地当上了文艺委员,算是发扬了一回舍己为人的风格吧。

没想到我盼都盼不到手的好事,肥猪竟然轻轻松松一句话给放弃了,而且她一点也不给孔雀面子,真可谓初三(1)班的重大新闻啦。

放学后,公鸡请我吃烤鱼片,我们来到学校旁边的一个小食杂店里,买了烤鱼片。

食杂店里的烤鱼片大概放久了,硬得很,铁片一样,在嘴里做足了前滚翻后滚翻,还是咬不动。我和公鸡走出食杂店时,我看着他,他看着我,都在努力地硬着脖子歪着嘴,不厌其烦地大嚼特嚼,像两只贪吃的狗。

我看到公鸡的表情很古怪,紧接着,我的表情也一定变得古怪起来了。

因为我们看到一个个子不高、头发打着卷的阿姨向我们走来,样子凶凶的。

当我们面对面的时候,我和公鸡都吃了一惊:哪是什么阿姨?他的嘴巴上分明长着又黑又密的胡子!

我们遭遇了小流氓。

公鸡的手上下忙活起来,却再也翻不出一分钱。我的衣兜里有五元钱,但我不想给他。

我犹犹豫豫地把手伸进衣兜,紧紧地捏着那五元钱。

小流氓一眼就看透了我的心思,抓着我的胳膊就往外拉我的手。

拿来!小流氓恶狠狠地低声吼。

我的手被拉了出来,但钱还在我的手心里捏着。

拿来!小流氓开始掰我的手。

但他的手很快被人拉开了。

肥猪突然出现在我们中间。

干什么?肥猪的手死死地抓着小流氓的手腕,疼得他一边"哎哟",一边把嘴咧到了耳朵旁。

又是你!小流氓悻悻地拍拍手,用鼻子使劲哼了一下,说,你

一个臭蒸馒头的,让你多管闲事,你等着!

说完,小流氓转身走开了。

肥猪推起自行车。公鸡平静了下来,我的心也不慌了。

公鸡不解地问,他怎么说你是臭蒸馒头的?

肥猪一边跳上自行车,一边说,我得走了,我家太远了。

我和公鸡站了一会儿,赶紧回家。

那铁板一样的烤鱼片被我吐掉了。

后来公鸡受伤住院,肥猪去看他时,说了自己蒸馒头的事。

原来,肥猪没有爸爸,她的妈妈又下岗了,生活十分困难。她每天凌晨就得起床,跟妈妈一起干活儿。她和面、做馒头,她妈妈捅炉子、蒸馒头。蒸好的馒头批发给卖馒头的流动商贩。她们母女俩就是以此来维持生计的。

难怪肥猪的拳头那么硬,揉面揉的。

公鸡出院后第一件事就是抓着我的衣领冲我吼:你小子听着,你要是再管赵美娜叫肥猪,我就跟你急!

我笑道,你是不是喜欢上肥猪啦?

公鸡气愤地瞪圆了双眼,高高地举起了拳头。

公鸡是真的急了。

我连忙摆手求饶。

我理解公鸡。

我更敬佩肥猪。

从那天起,我再也没管赵美娜叫过肥猪,而且,我当同学的面宣布收回肥猪这个绰号。

从今天起,肥猪这个绰号,作废!我一字一顿地说。

不信,你可以向我们初三(1)班的任何一名同学打听。

猫 头 鹰

猫头鹰是昼伏夜出的动物。

肖诚也是昼伏夜出的动物。

所以管肖诚叫猫头鹰再贴切不过了。每天上课时,猫头鹰的任务就是睡觉。一节课的大部分时间他都是趴在桌上睡觉,听课的时间也就是三分之一左右。

值得庆幸的是猫头鹰睡觉时不打呼噜,否则,我们初三(1)班教室非成呼噜仓库不可。

上课时睡觉,学习成绩自然也就差得没法说,每次测验、模拟考试,猫头鹰的名字总是毫不客气地排在全班最后。有一次猫头鹰语重心长地说,要是评初三(1)班学习最差的学生,我肯定每学期都能蝉联冠军,连毛驴都比我强。

猫头鹰没法不上课睡觉,因为他晚上要瞪大眼睛干活儿。

猫头鹰的爸爸是个屠夫,也就是杀猪的。猫头鹰没有妈妈,家里的全部收入就是他爸爸杀猪挣的钱,勉强维持生活。猫头鹰长时间受熏染,学杀猪也就学得八九不离十。由于猫头鹰长得又高大又壮实,他自信自己也能干净利落地把一头猪收拾掉。于是他就试了一次,当然是不让他爸爸知道。

我没杀过猪,甚至看都没看过杀猪,我无法想象猫头鹰杀猪时会是怎么样的情形。反正猫头鹰杀猪杀得很不顺利,那头死到临头的猪进行的顽强抵抗把猫头鹰搞得狼狈不堪。

在小工的帮助下,猫头鹰把猪按在桌案上,学他爸爸的样子,把尖刀插进了猪的脖子。

大概是猪觉得死在一个中学生的手里太没面子,一副很委屈、很不甘心、很愤怒的样子,张嘴乱咬,伸蹄乱蹬,把不悦的心情用所能表达的方式都表达了出来。而且猪的抵抗很有成效,它不仅把猫头鹰蹬趴在了地上,还成功地从桌案上跳了下来,疯一样在院子里乱跑。

而尖刀,还扎在猪的脖子上!

小工们慌了,冲上去抓猪,但猪身上的毛太短了,哪抓得住?猪跑得更欢了,血从脖子上流下来,把院子里的地面淋得血迹斑斑。

猫头鹰从地上爬起来,也加入到抓猪的行列里。

他们再次把猪按倒在桌案上时,猫头鹰的爸爸回来了,转眼间就把事情搞定了。猪没有多少痛苦就死去,猪脸上始终带着笑容。

猫头鹰的脸一阵红一阵白。

猫头鹰的爸爸鼓励他,行,第一次杀猪能有这个效果,不错了!

最后猫头鹰的爸爸做出了一个重大决定:你的学习太差了,升学是一点儿也没有指望了。你就跟我学杀猪吧,这样也好多挣一份工钱。

猫头鹰就成了他爸爸的尾巴,每天晚上都跟他爸爸一起干活儿,杀猪、收拾猪,抢在天亮之前,把猪收拾干净。运货车天一亮就来取猪肉,送到锦城市里去卖。

猫头鹰身体好,干活儿不发憷,很快就成了他爸爸的好帮手。

各科老师都知道猫头鹰的情况,也就不计较他是不是学习了,只要他不打呼噜影响别的同学就行。

中考前进行了初中毕业考试,猫头鹰很顺利地考及格了。他很高兴,觉得自己这三年初中没有白读。

第二天,猫头鹰就不来学校了,专心致志地跟他爸爸学杀猪。

开始时大家还不太习惯,虽然平时猫头鹰上课时并不发言,只是睡觉,但突然他就不来了,同学们还是觉得少了点什么。

耗子说,猫头鹰每节课都只听那么一点点,就考了个及格,说明他一点儿也不笨。如果不是他家里的情况特殊,他真应该考高中。

兔子说,猫头鹰杀猪也一定能杀得很棒。

公鸡说,其实猫头鹰的脑袋瓜儿挺聪明的,这辈子光杀猪,有点可惜了。

孔雀无可奈何地摇了摇头,说,我给他爸爸打过电话。我真不希望我的学生只会杀猪。

结果呢?我问。

孔雀轻轻地叹了一声,没什么结果,他爸爸决心已经下定了,为了挣钱吃饭,别的顾不上那么多了。

我们的心里都挺不平静,除了替猫头鹰感到可惜之外,好像还有别的内容。

还有什么呢?我们都一下子说不清楚。

中考越来越近了,复习任务也越来越重。大家每天埋头复习功课,自然也就不再念叨猫头鹰了,好像把他给忘了。

其实我们都心里清楚,谁也没有忘记猫头鹰。

毕竟是在一个班级里学习了三年的同学呀!

一天下午,同学们正在上自习课,教室里静悄悄的。

门一响,猫头鹰突然走了进来。

大家都愣了一下,接着就去拉他,和他说话。

猫头鹰看上去似乎比上学时稍稍胖了一点儿,精神状态也相当好。

寒暄几句之后,猫头鹰从肩上把两只圆滚滚的书包卸了下来。

我只能用书包背进来,否则,门卫大伯肯定不让进。

猫头鹰叨咕着,把书包打开,从里面倒出了一大堆塑料方便袋。

里面竟是猪蹄!

每个塑料方便袋里都装着一只炖得烂烂的香喷喷的猪蹄。

猫头鹰嘻嘻地咧着嘴,脸上的笑容自然而且从容,好像完成了一件重大的事情。

这是送给同学们的。猫头鹰说,我妈妈活着的时候常说,吃猪蹄好,有挠头。我这一辈子,算是没有可能上高中了。我送给大家这些猪蹄,每人啃一个,希望大家都能有挠头,都挠上重点高中,挠上重点大学。这也算是我的一个美好祝愿吧。

我已经学会杀猪啦,而且,一个月可以挣到500元钱啦。

猫头鹰说话的时候,脸上始终洋溢着笑容。

猫头鹰走了,拎着他的两只书包,冲大家扬了扬手就走了。

同学们每人手里都拿着一只猪蹄,却没有人吃。

大家你看看我,我看看你,谁也没有说话。

教室里静极了。

百 灵 鸟

秦丽丽引起全班同学的注意绝对是一鸣惊人式的。

因为平时秦丽丽是那种甘当配角、不显山不露水、不惹人注意、默默无闻的女生。

秦丽丽的学习成绩一般,尽管她学习挺刻苦,但总是收效不

大,在班级里的排名一直在中游徘徊。

秦丽丽从来不参加班级里的集体活动。比如学校组织打扫室内外卫生,你得到诸如自行车棚子里、校门口值班室后面的小墙角等地方才能找到她,当然她的手里肯定有一本书。再比如学校召开春季运动会,她什么项目也不参加,在运动场边坐着时,别的同学跳着叫着喊加油,可秦丽丽居然能把头埋在桌子下面,手拿钢笔把一道题演算完。

耗子佩服地说,秦丽丽的自制能力太强了。听说毛主席小时候在热闹的市场上也可以看书,秦丽丽的本事也不可小看啦。

就是这样,秦丽丽的成绩还是怎么也提高不上来。

有的同学就说她学习方法有问题,有的同学干脆就直来直去,说她不是方法有问题,而是脑子有问题,学习学傻了。

秦丽丽给全班同学总的感觉就是初三(1)班对秦丽丽可以忽略不计。

她从不参加集体活动,平时一声不响坐在座位上学习,对谁也构不成威胁,她也对班级没什么贡献,其作用当然就如同一个很小很小的小数,可以忽略不计了。

秦丽丽露脸之前全班同学谁也没有注意她,所以她的出色表现就让人觉得有些突然。

那是在元旦联欢晚会上。

由于公鸡意外受伤,联欢晚会的组织与排练就基本上停止了。虽然公鸡出院后张罗排练了两次,但公鸡的身体不好,不允许他太过劳累,大家也就练得很随意。

准备不够充分,使得联欢晚会的效果明显不佳,尽管大家的兴致比较高,但演出过程中总是出现这样那样的小毛病,影响了整体效果。有一阵,上下节目的衔接出了问题,前面的演完了,后面的

还没有准备好,晾了台,冷了场。

秦丽丽就是这个时候一鸣惊人的。

当时肥猪要上场表演舞蹈《丰收之舞》,但她带来的舞鞋怎么也找不到了,在课桌里、书包里翻了好一阵,也没有找到。肥猪急得要哭了。

节目衔接不上,同学们就开始骚动,毛驴甚至一边用手掌拍腰鼓一边吹口哨。

要是大家起哄了,那不乱了套吗?

这时秦丽丽站了起来,大声说,我来为大家演唱一首歌曲!

秦丽丽走过来把一盘磁带递给我,说,B面第一首歌。

秦丽丽是有备而来。

我把磁带放进录音机里,我是这台联欢晚会的音响师。

按下按键之前,我站起来高声对同学们说,秦丽丽演唱的歌曲是那首著名的《春天的故事》。

我也当了一回报幕员,心里挺美的。

《春天的故事》是首难唱的歌,秦丽丽胆子可真不小。

同学们都安静下来,看着站在教室中间的秦丽丽。

音乐声响起来了。秦丽丽面带微笑,手里拿着麦克风,开始演唱起来。

真的没有想到!秦丽丽一开口唱歌,同学们就都惊住了。

哇塞!秦丽丽唱得太棒了!

秦丽丽的嗓子清脆得像铜铃,甜润得赛过百灵鸟!

秦丽丽的演唱让同学们激动得直拍手直跺脚直大喊大叫。

秦丽丽的演唱获得了空前的成功。

当秦丽丽往座位上走的时候,教室里成了一片欢乐的海洋。

同学们激动不已的原因,是刚才表现如此出色而平时却一

直默默无闻的秦丽丽。

耗子情不自禁地跳着脚喊了起来:秦丽丽给我们带来了一曲《春天的故事》,效果就像这歌曲里唱到的那样,是一个一鸣惊人的故事。

肥猪手里拿着舞鞋,一下子就把秦丽丽抱了起来,来了个优美的旋转步。

我觉得我应该推出一个新绰号了,就高高地举着秦丽丽的磁带,大喊:百灵鸟,一只沉睡了两年多的百灵鸟苏醒啦!

我觉得我送给秦丽丽的这个绰号太合适了。

真是不鸣则已,一鸣惊人。

百灵鸟居然一副不以为然的样子,一边收起磁带一边平静地说,唱一首歌对我来说是张飞吃豆芽——小菜一碟,不足挂齿。虽然我事先没有报节目,但我还是想在这种场合下唱一首歌的。所以,我带着磁带来的。我没有别的意思,就是想让你们知道,我并不是你们想象的那种女孩儿。

表情越来越复杂的是公鸡,一副汗颜的样子。

三个月后,百灵鸟突然离开了初三(1)班,转学走了。

她的家搬走了,她随着爸爸妈妈一起去了青海省西宁市。她要到那里去参加中考了。

我在百灵鸟的分别留言簿上写了一句话:

祝你成为一只拥有整个天空的百灵鸟!

我的祝愿是真诚的。

百灵鸟走了,同学们的情绪低落了好几天。

我们都很想她。

希望百灵鸟能在西宁考出好的成绩,像她唱歌那么棒。

毛　驴

我给马海潮起这个绰号没敢让他知道,我们也不敢当着他的面管他叫毛驴。

我们都有点怕他。

毛驴是我们班最差最差的学生,脾气不好,特驴,一句话说不顺当就瞪眼睛打人。

连孔雀都拿他一点儿办法也没有。有几次毛驴违反学校纪律,使得我们初三(1)班连续被扣纪律分,孔雀很生气,下决心要治理治理这个人人恨又人人怕的毛驴。孔雀决定请毛驴的家长到学校来。

请家长是孔雀很厉害的一个手段,到了这一步,被请家长的学生往往是不攻自破,乖乖地听从孔雀的摆布了。

而毛驴不,毛驴有更毒的一手。

毛驴心平气和地对孔雀说,你最好不要请我的家长,我念了八九年书,从来没请过家长。

尽管毛驴说话时的确是心平气和的,但孔雀还是听出了话外音。

毛驴的话暗藏杀机,看似平静,实际是对孔雀发出了十分严厉的警告。

他话后面的意思,就是你如果坚持请家长,我就……

毛驴干得出来。他在校外有一伙朋友,都是社会上的小流氓。那次公鸡为了掩护肥猪挨了小流氓一刀,毛驴亲自出面找那小流氓,把他狠狠地收拾了一顿。当然他们不是一伙的。

这些情况班级大部分同学都不知道,但肥猪知道。毛驴曾向肥猪炫耀过。

肥猪就有些为孔雀担心,并把她的担心对我说了。

我也觉得这事情不那么简单,有必要给孔雀提个醒。

我和肥猪就到办公室,跟孔雀说了。

孔雀不以为然,坚持自己的决定。

我和肥猪都很紧张,替孔雀捏着一把汗。

第二天,毛驴的爸爸按时来到了学校。在孔雀的办公室里,孔雀把毛驴他们父子俩都批评了。

毛驴并没有把孔雀怎么样,我们也就放心了。

但请了家长,毛驴的表现还是一点儿起色也没有,跟原来一样。

而且,毛驴在校外又跟人打架了。

中午,毛驴一脸是血地回到教室,把同学们都吓了一跳。

对于头打破了出了些血这样的事情,毛驴是根本不在乎的。

孔雀气得手直发抖。

毛驴说,于老师你怎么处理我都行,但这个仇,我一定要报。

毛驴的决心下定了。

毛驴的爸爸是开建材商店的老板,挣了钱,花钱特大方。在毛驴的身上,从没有一次少过50元钱。毛驴有钱就去网吧上网,去游戏厅玩电子游戏,还常请他的朋友们吃雪糕。

其实毛驴的脑瓜特聪明,他就是不爱学习。他和他爸爸是一个观点:学习好不好不重要,只要能挣大钱就行。

孔雀没少批评毛驴,有时气得点着毛驴的脑门说不出话来。

毛驴竟不买账,拨开孔雀的手,说,于老师你别碰我,我不习惯别人对我指指点点。

孔雀气得眼泪在眼窝里转。

毛驴很少有不惹祸的时候,就是课间做操时也不老实。

他把一张画有很丑的小人的纸条夹在了站在他前面的耗子的衣领上。

耗子一点儿不知道,做操时纸条一飘一扬的,引得毛驴哧哧地笑。

值班老师看到了,抓住了毛驴,同时毫不客气地扣掉了我们班的纪律分。

孔雀当然不肯放过毛驴,上完上午的课,下课的铃声刚响,孔雀就把毛驴拉到了办公室。

你中午饭就在老师办公室吃,吃完了就直接坐这儿写检查,写得不深刻不行!

孔雀气愤地说完,把笔和纸摔在了毛驴面前。

毛驴看上去心里有事,毛毛糙糙地扒拉了几口饭,就说要上厕所。

老师们都在办公室里休息,有男老师说,走,我陪你去。

老师们都知道毛驴,要是让他走出办公室,一眨眼的工夫就没影,你休想找到他。

从厕所出来,毛驴想跑,被男老师死死抓住,弄回办公室里。

孔雀又指着毛驴,大声说,马海潮你不把检查写好,休想离开办公室。

毛驴急了,眼睛瞪得圆圆的,叫着喊着说老师侵犯人权,要往外闯,几个老师拉都拉不住他。

隔壁体育组的体育老师过来,几下就把毛驴按在了椅子上。

老师们都气坏啦。

孔雀更是气得手又抖了起来。

下午,派出所的民警找到学校。他们要找毛驴了解情况。

这时孔雀和同学们才知道,毛驴参与组织策划了一次聚众斗殴事件,时间是中午,地点在校外不远处一个废弃的破院落里。

毛驴是要报上次头被打破的仇。

由于他被老师们看住了,没有跑掉,所以没有参加上报仇打架。

打架的结果是,重伤一个人,轻伤三个人。伤员都住进了医院,其他参与斗殴的大部分人员,都被派出所拘留了。听说他们将被送去进行劳动改造。

毛驴此时才猛地意识到,自己错了。

翻然悔悟是好事,但毛驴自由惯了,陷得太深了,学习也落下得太多了。

孔雀一点儿也没有放弃,依然鼓励毛驴说,你要是下决心痛改前非,还来得及。

毛驴的双唇抖得厉害。

他啥话不说,拿起小刀就在自己的右手背上狠狠地划了一刀!

毛驴表示决心有他自己的方式。

我手背上的刀疤,可以提醒我不要放下手中的钢笔。他说。

孔雀帮助毛驴办理了留级手续。

重读一次初三,马海潮肯定能跟上。孔雀说。

毛驴说,我要重新开始。

他问孔雀,校长不是说开学后您还当初三(1)班的班主任吗?您愿意要我吗?

孔雀毫不犹豫地说,要,我愿意要你。

毛驴一声不吭:"扑通"一声跪在孔雀面前:"咚咚咚"连磕了三个响头!

抬起头来时,毛驴已是泪流满面。

奶奶的村庄

黄春华

1

这段旅程源于一个梦。

在梦中,奶奶微笑着向我走来,她到底长什么样,我没看清楚,我只看见她浑身上下长满了鲜花。没错,那些又白又嫩的鲜花确实是从她的身体里长出来的,她就像一棵会走动的花树,浑身的花朵随着脚步的节奏一抖一抖。我看不见她的脸,因为她的眼前开满了鲜花。但透过花的缝隙,我能感觉到她的那双眼睛在笑,她的笑和那些白嫩的花朵一起向我走来。最后,我惊奇地发现,那些花瓣并不是我开始看到的那样白,确切地说,那些花不是白色,而是无色,像水一样透明。它们其实是从奶奶的发丝上开放出来的,那些结满奇异花朵的发丝就像吊兰倒垂的藤蔓,挂满了奶奶的身前身后。我能闻到一股奇异的香味,我知道那一定是从奶奶的周身散发出来的。

我说,奶奶,你真美!

奶奶说,最美的花只能开在心里。

我疑惑地问,可是,我觉得你身上的花是最美的。

奶奶笑了,就在她的笑声里,那些花朵迅速地耷拉下来,一朵一朵地枯萎、凋落。我看见花朵凋落的地方,留下令人发憷的洞孔。我吃了一惊,但接下来的情形更让我目瞪口呆:花朵凋落之后,奶奶就像末冬的雪人,开始融化、变形、坍塌,最终只剩下了一摊水。

后来,我听到了潺潺的水声,那不是奶奶的对话,而是妈妈在放水龙头洗脸。我一挺身从床上坐起来,隔着一道门,我看见妈妈正慌着把一块湿毛巾在脸上搓来搓去,仿佛脸上刚受过烫伤。她总是这样,早上不肯起床,起了床就慌个不停。我有时候提醒她说,妈,你不能慢点吗?她就说,来不及了,上班要迟到了。今天我没有提醒她,我只是怔怔地看着她,心中想着奶奶。

她大概是从水池上的镜子里看见我坐在床上发呆,就转过头说,小源,从今天起你放暑假了,不用起这么早,你忘了吗?

这时,爸爸端着买来的早点从外面进来,接过妈妈的话说,起来也好,一起吃早饭吧。

妈妈把毛巾往挂钩上一搭,口气强硬地说,不行,平时上学够她辛苦的,放假了,就得保证充足的睡眠。

充足的睡眠?照你这么说,非得睡到太阳晒到屁股才算充足?

你说话注意一点用词,孩子已经长大了。

妈妈这话我爱听,我一高兴,就说,我今天不想听你们辩论,不错,我已经长大了,准确地说,我已经十四岁零三个月了,所以,我想发表一下自己的见解。

自己的见解?爸妈同时疑惑地看着我,好像他们从来就不知道我会有自己的见解,那眼神就像看见哑巴突然唱起歌来了。

我为我的举动而自豪,我说,是的,我有个小小的决定,我希望

你们都不要阻拦我。我顿了一下,又说,我想去看看奶奶。

他俩的嘴同时张大,定在那里,像被人点了穴。空气顿时凝固了,我想我得尽快调解一下空气,否则,准会有人闷死。

我说,你们很吃惊,这并不奇怪,我自己也有那么一点吃惊,因为我就是在刚才突然作出的决定。但是,突然的决定并不等于轻率,你们说是这样吗?

说实话,我心里有点发虚,如果他们谁要站出来坚决反对,那我这一决定注定只有夭折。我先用征询的目光看妈妈,因为这个家的主动权基本掌握在她手里,只要她不反对,就没事了。可她突然轻笑两声,挥挥手,像赶苍蝇一样把我刚才的话不屑地甩到脑后,然后,她抓起一根油条吃起来。我知道她这态度就是坚决反对,毫无商量可言。于是,我只好将求援的目光投向爸爸。

爸爸走到我面前说,你为什么突然决定要去看奶奶?

我想她,这还不够吗?我把刚才的梦藏匿起来。

爸爸又试探着问,你一个人去?

我使劲点点头,并且把腰挺得直直的,想以此证明自己不是吃素的。

爸爸说,你从来没去过那里,那里很偏很苦,严重缺水,你会不习惯的。

我说,我不在乎。

妈妈瞪了爸爸一眼,说,你少跟她啰嗦。说完,她就扔下半截没吃完的油条,拎起背包出门了。

爸爸犹豫了一下,就开始坐到桌边吃早点。

我找出一个牛仔背包,找出一些夏天换洗的衣服装进去。当我把背包拉链拉上的时候,爸爸又走了进来,他说,小源,你一定要去?

我正视着他,说,你如果还是奶奶的儿子,就不应该阻止我。我长这么大,一次也没去看过她。别人都能见自己的奶奶,我为什么不能?

爸爸说,我不是来阻止你,我是担心你和奶奶互不相识,我得给你写封介绍信。

我压抑住心头的惊喜,故作镇定地问,放走我,你就不怕妈妈找你要人?

爸爸一拍胸脯说,这你别管,我自有办法对付她。

我高兴地将巴掌推过去,爸爸迎上来,我们使劲握握手,那一握,让我觉得我和爸爸成了哥们儿。

然后,爸爸为我画了张草图,告诉我乘长途车在"一棵松"下车,然后向山里步行十里地,找到"一眼泉村"就能找到奶奶。他边讲边拿眼角瞟我,看我有没有退却的意思。而我像一名老道的侦察兵,神情专注信心十足地接受着一项艰巨的任务。我的表情显然令他满意,最后,他不知从哪里摸出个军用水壶,帮我装进背包。他边装边说,这个到那边会派上大用场。

我瞅了一眼那水壶,背带已经泛白,外壳上的绿漆也斑斑驳驳地脱落了,露出青灰色的底子。

我说,你快给我写介绍信吧。

他说,水壶就是最好的介绍信。这是我考上大学那年,奶奶给我买的。她只要见到水壶,就会认你这个孙女。

我顿时想到梦中的奶奶,花朵凋落之后,她千疮百孔的身子真像这个军用水壶。

爸爸把我送上长途汽车,在车开启的时候,我突然将头伸出车窗对他说,我又有新的决定。

他说,后悔还来得及,下车吧。

不,我是说,在暑假结束的时候,你和妈妈必须过去接我,否则,我就不回来。

爸爸愣了一下,车就启动了。我知道他想说工作忙之类的话,但现在已经没有商量的余地。我很为自己这一招得意,我这样做并不是想故意刁难他们,我是想迫使他们去看奶奶。他们也太不像话了。

2

长途车内没有空调,为了抵御车厢内的燠(yù)热,人们将车窗打得大开,让风横扫进来,夹着刺眼的阳光和金色的灰尘。每个人的头发都在风的指挥下舞蹈,风是热的,舞也是热的。人们宁愿接受热风、骄阳和飞尘,他们无法忍受车轮停止,因为只要车一停,风就静止,汗就流淌。有人开始抱怨,这么破的车,还卖那么贵的票。好在车的停顿只是暂时的,那是在进入小站或者遇到路人招手搭车的时候,往往只有一两分钟,最多也没超过三分钟。每次停车我就看着手表读秒,那样可以让我暂时忘记炎热。我敢肯定如果停车超过三分钟,司机准会挨揍。

说实话,这点恶劣的环境对我算不得什么,我心中的兴奋足以抵挡一切。时间过去了一小时又一小时,人们渐渐疲倦了,我的思绪也开始随着颠簸的车身越行越远。不过,我并没有过早地飘到奶奶身边,因为我知道奶奶的村庄对我来说,尽管是个全新的世界,但我用不着那么早去猜测它,一切都会自然而然地来到我眼前,这是真理。还在上幼儿园的时候,我就急切地盼望能像那些大孩子一样,挎着书包走进校园,我左盼右盼,到最后还是得等我满

了七岁,事实并没有因我的期盼而早到一天。

现在,我倒真的有点想爸妈,平时和他们待在一起,总觉得有点烦,那主要是因为他们爱管闲事,不让我看电视,不让我睡懒觉,不让我吃冷食,不让干这不让干那,我真想和他们换个位置,让他们也尝尝受约束的滋味。可今天突然离他们远了,我心里还真有点不踏实。

不说这些了,谈谈我爸爸吧。在我的记忆中,他极少回去看望奶奶,每次过年,他都想带我们回老家,妈妈却坚决反对,她说,那穷地方,鬼都不生蛋,要回去你一个人走。爸爸自然不会一个人走,他要留下来和我们过年呢。唉,我奶奶养这么个儿子也真够倒霉的,一年到头都见不到一面。

后来,我又想起了曾经的一件趣事。那时,我上小学四年级,也许是五年级,反正在放学的路上,我看见一架飞机从头顶掠过,它的速度并不快,看起来像飘在空中的风筝。我连忙将一本书卷成筒,握在手中当线圈,跟在飞机后面飞跑,边跑边喊,看,我的风筝飞得多高!不过,那只风筝不一会儿就从我的视野中消失了。我望着空荡荡的蓝天,抱怨说,线太不结实,让风筝挣脱了。路人将这件事传给了我妈妈,妈妈二话不说,就领着我去看医生。医生说,这是小儿臆想症,随着年龄的增长会慢慢消失。为这事我还和医生吵了一架,我说他才有病。不过事实证明医生说得对,我稍长大些之后,就再没有把飞机看成风筝。

我不知道我为什么会想起这件事,反正我在瞎想,思绪就像一匹脱了缰的野马,乱跑一气。再后来我还想了些什么,我自己也说不清了。

售票员说"一棵树"到了。

我却没有看到车站的影子。汽车就在行驶的土路边停下,前

后都是望不到边的荒野。除了我,没有人在这里下车,我装着满不在乎地拎起背包跳下汽车。

汽车很快就重新启动,卷起一股尘灰向前驶去。当它在我的视野中消失的时候,我觉得这个世界上只剩下我一个人了。好在日头还高,我有足够的时间去走爸爸为我画的那条路线。

我取出乐百氏纯净水咕嘟咕嘟喝几口,润润快要冒烟的嗓子,然后,背起背包准备出发。就在这时,我感觉我那头短发有些异样,用手摸摸,一根根都倒竖起来,硬得像钢针,一律向左歪着。这是风的杰作。我想,为我头发作定型的不是摩丝,而是臭汗和黑灰。我并没有为我头发的变化而大惊小怪,相反,我很乐意它这样,只有这样,我才有点像冒险家。当然,我前面的旅程也许并无危险可言,但起码它是未知的,我很希望这段未知的旅程能给我带来一些新奇。

想到这里,我兴奋地打了个口哨,然后,朝一条分支的小路走去。太阳虽已经向西边斜了斜,但它的光芒还是会令我的脸颊发烫,到处都没有高过人头的树木,我就成了一道十分明显的风景。我时不时地停下脚步回头望望,我希望能看见一个人,能和他结伴说说话,也许这段路就会好走一些。一开始我还指望能有一辆农用车从后面追上来,然后把我带到一眼泉村。看来是不可能了,因为眼前的路已经窄得一个人走过都有些勉强。

不知走了多久,我的脚有些不听使唤,腿也直打晃。我想就地坐下歇一会儿,屁股刚一触着石板,我就尖叫一声跳了起来。我敢肯定那不是一块普通的石板,也许是烧红的铁板。我只好咬着牙往前赶路,我边擦着脸上源源不断的汗水,边想,难怪妈妈坚决不肯回奶奶家,今天看来,她也有一定的道理。不过,我会把这段旅程看做是一种乐趣,这确实比体育老师逼我们跑一千五百米有趣

多了。因为我喜欢自己选择的,哪怕苦点累点。

我在自己选择的路上走着,我开始注意到路边的杂草丛中有一种非常别致的花,它的每一片花瓣都由红黄白三种颜色组成,我简直怀疑它是被人有意染过的。我时不时弯下腰去采起最漂亮的一枝,不一会儿,我手中就握满了红黄白的野花。不过很遗憾,我叫不出它的名字,因为我以前从来没有见过它们。陌生并不能影响我对它们的欣赏,我把它们正面看看反面看看,又对着阳光看看,从不同的角度观察那些细小的花瓣,我发现它们就像天质纯美的乡间女子,十分耐看。我把它们送到鼻前闻闻,一股复杂的香味顿时充盈我的头部,眼前有些许的朦胧,就像喝了一杯红葡萄酒。我怕我会醉倒,连忙将花束从鼻尖移开,这时,我发现被我闻过的野花很快委靡下来。难道它们有灵性吗?那么它们是在以死拒绝我的吻,还是将生命的全部接受我的吻?

想着这些复杂而有趣的问题,我渐渐忘却了疲劳,脚步越走越轻松了。也许用不了多久,我就能见到奶奶了,因为我看见日头又向西偏了许多。如果真如爸爸所说,只有十里山路,我估计已经走过一大半了。想到马上就会与奶奶面对面,我有些兴奋也有点紧张。

这时,我突然看见路面上有水滴打湿的痕迹,湿迹沿着山路向前延伸。有人!我赶紧加快步伐向前追赶,追过一个转弯处,我果然看见前面不远处,一个小男孩挑着一担小木桶,桶里装满了水,时不时荡出一点落到路面。

喂,等等我!我抑制不住心中的惊喜,大声叫道。

男孩听到喊声,就放下水桶,回过头来看我。等我走近他,他就试着问,你在喊我?

我怕吓着他,就尽量让自己的笑容显得亲切,我说,我从城

里来,想到一眼泉村。

你快把花扔掉,有毒。他似乎没听见我的话,惊恐地指着我手中的那束野花。

我吓了一跳,一把将花扔掉,我说,你怎么知道花有毒?

我们村的人都知道。

你们村?

对,就是你要找的一眼泉村,离这儿不远,一直往前走就到了。说着,他就侧身准备让我先走。

不,我跟你走。

你是来找人的吧?

对,我来找我奶奶。

你叫丁源?

你怎么知道的?我惊讶得差点没坐地上。

他不好意思地笑笑,说,听你奶奶常说起你。

说完,他就挑起水桶继续向前走去。

跟在他身后,我觉得心里踏实多了,我开始偷偷地打量他。他约莫八九岁,个头比水桶高不了多少,两桶水把他压得晃来晃去,他却像个不倒翁似的,走得极有节奏。他浑身上下只穿了一条短裤,脊背被晒得油亮透黑,倒显出几分结实,两只赤脚交替着在地面上起落,似乎感觉不到丝毫的灼烫。

我看他挑着担子并不轻松,就打消了与他交谈的念头,默默地跟着他走。好在没多久,我就看见了山坡上的农舍。因为地势的起落较大,农舍就比较分散,一幢一幢散落在山坡上,就像夜幕上的星座。

这大概就是奶奶的村庄了,只是我暂时还不知道奶奶属于哪个星座。

3

沿着弯弯曲曲的山坡爬了一会儿,我就觉得有些吃力。我抬头看看小男孩,他行走的速度没有减慢,两只脚在狭窄的山路上踏得准确而有力,肩上的水桶倒显得更平稳了。反倒是我有几次脚踩虚了,差点摔倒。在这位小弟弟面前,我觉得自己很丢脸。好在他只顾前行,没注意我的尴尬处境。

尴尬结束在一座小土屋里。

小男孩挑着水桶撞开虚掩的木门,径直走进厨房,放下水桶。我从后面跟进来,只见他拿起一把木质的水瓢,将桶里的水一瓢一瓢地舀进水缸。但每桶水他只舀去一半,剩下两个半桶水。做完这一切,他又将半担水挑上肩,准备往外走。

我拦住他,说,你能不能先把我带到我奶奶家?

这就是你奶奶家,你就在这儿歇着吧,她一定是下地干活去了,我叫她回来。

说完,他就挑着那半担水走了。

我一把丢下背包,浑身陡然一轻,头也跟着轻飘起来,两腿一软,就歪坐到地上。我想,我大概是中暑了。我还没来得及想更多,就迷迷糊糊地睡过去了。

醒来的时候,我躺在竹床上,我看见刚才挑水的小男孩守在旁边,就努力冲他笑了笑。他见我醒来,就惊呼道,奶奶,她醒了!

我知道。一个粗哑的声音,一切似乎在她意料之中,奶奶仍在厨房里忙活,没来理我。

这多少让我有点意外,好在旁边还有个说话的,于是,我说,我

中暑了,对吗?

不是中暑,你中了三色花的毒,奶奶给你喝了好多水晶花茶,才把你救活呢。

我觉得"救活"这个词儿用得有点夸张,想笑,又忍住了。我说,三色花是不是刚才我拿的那种花?

对,它毒性可大了,谁家的牛要是吃了它,就没救了。

我这才意识到他刚才用救活也许是对的,我庆幸自己只是闻了一下三色花。我又问,水晶花茶是什么呢?

水晶花在我们这儿见不到,它生长在山的阴面。把它的花瓣晒干,就是水晶花茶。

我正要继续问些别的问题,就听奶奶说,如果能坐起来,那就吃饭吧。

我试了试,果然就坐起来了。这时,我才生平第一次看到我奶奶。她比我想象的要老,黑瘦的脸上爬满深刻的皱纹,就像刚耕过的黑土地,手臂也干枯得像两根树枝;但她比我想象的要结实,我总以为她走路会摇摇晃晃,可事实不是这样,她在厨房里忙碌的身影显得十分稳当。

我过多的注视让奶奶有些不耐烦了,她说,呆着干啥?快来吃!

说着,她把一碗热气腾腾的绿豆粥往桌上一放,一股清绿的香气顿时弥漫过来。我走到桌边,对小男孩说,来,一起吃吧。

不,我已经在家吃过了,现在我得回家了。说着,他就向奶奶告辞,奶奶也不挽留。

他刚要迈步出门,我突然叫住他,说,慢着,你叫什么名字?

奶奶抢先说,小马驹。

小马驹抗议道,别叫我小马驹,我有学名,叫马立文,是李老师

给我取的。

马立文说完就蹦蹦跳跳地出了门。门外,太阳已经落山了,但天并没有黑下来,在白亮的天光下,马立文黑亮的身子还真像小马驹呢。

奶奶端着一碗粥在饭桌的对面坐下来,见我还望着门外发呆,就问,怎么,味道不好?

我连忙收回视线,说,不,太烫。

奶奶将嘴唇沿着碗边一抹,咻溜喝下一口,像是为我做示范。然后,她抬起头对我说,趁热吃,出身汗有好处。说完,她又埋头去喝那烫死人的粥。

她始终不对我笑一下,我简直怀疑她是不是我奶奶。但刚才在路上,马立文亲口说出了我的名字,我想,他不会搞错。

奶奶在喝粥的间隙瞟了我一眼,我不敢再多想,试探着把粥送到嘴边,可上唇刚一触到碗沿,我就被烫得大叫一声,差点把碗都扔了。

我以为奶奶会被惊动,可她只瞟了我一眼,又继续喝她的粥,伴着咻溜咻溜的声音,我听见她极含糊地嘟囔了一句,跟你爸一样怕烫。

她的漠然激怒了我,我想,眼前就是一碗铁水,我也要把它吞下去!然后,我一咬牙一闭眼,就用筷子一下一下地往嘴里送。一开始,我的舌尖还能感觉到烫,几口下肚之后,舌尖就失去了知觉。但我仍能清晰地感到一个火球不断地从喉头滚下,落进肚里。就这样,我吃得满头大汗。等我放下碗筷,慢慢冷静下来时,却看见奶奶早已经吃完,正静静地坐在对面盯着我。

她正等着我吃完好收拾碗筷呢。她伸手拿走我面前的碗筷,和她的碗摞在一起,起身走进厨房。走到厨房门口时,她突然转过

身来说,先吹一口气,再喝面上的,就不会太烫。

我知道她在告诉我喝粥的诀窍,但我根本没心思听她说话,我在想另一个问题:她对我这个态度,她是不是怀疑我是假冒的孙女儿?我得尽快澄清这个事实。

等奶奶洗完碗出来,我就迎上去说,奶奶,这是爸爸让我交给你的,他怕你不认识我。我故意把最后一句话说得特别突出,然后,我将那个老掉牙的军用水壶递了过去。

奶奶接过水壶的一刹那,脸上的皱纹很猛烈地抖动了一下,像是要张开的褐色花。但这朵花终于没开,它很快还原成原来的平静。奶奶转身走进厨房,把水壶挂在一根墙钉上。她边挂水壶边说,怕我不认识你,除非你不是他女儿,瞧瞧你那张脸,跟你爸一个德行。

我这才觉出一点味来,肯定是她对爸爸有意见,迁怒于我。我说,奶奶,我爸爸得罪过你,对吗?

没有的事。奶奶说着,就从厨房走了出来。

那你为什么恨他?

恨他?笑话,八竿子都打不着。我是说你不该到这儿来,他自己不回来就算了,何必打发孩子回来敷衍我?

不是他打发我回来,是我自己要来的。

你自己怎么会想起到这儿来?她显然不相信我的话,她认为我在为爸爸辩护。

我有些气恼,我说,你是我奶奶,我来看我奶奶有什么不行?难道还要像大人那样找出三条理由,让领导批准吗?

我的话让奶奶吃了一惊,顿了一会儿,她降缓语气说,我不管你在说什么,你得尽快从这儿离开,这里不是你待的地方。

我见奶奶并没什么恶意,就摆出一副死皮赖脸的样子,说,本

小姐暂时还不打算离开这儿。

你打算什么时候走?

起码得等到你对我笑。

奶奶愣了一下,她并没有对我笑,只是甘拜下风地折回厨房,开始忙活去了。

尽管受了奶奶的冷遇,但不知为什么,我对这里的一切并不觉得陌生,相反,倒有一种亲切感。四面土墙,桌子板凳都直接站在土地上,显得朴实而柔和,不像城里那些钢筋水泥的居民楼,让人觉得生硬而冰冷。

也许是刚才喝了绿豆粥出了一身汗,也许是和奶奶吵了一架取得了第一回合的胜利,反正我的精神头上来了,我想出门溜达溜达。我信步走出屋门,才突然发现这里除了山还是山,重重叠叠的山向远方无限伸展扩散,让人觉得一辈子也走不出它们的包围圈。奶奶大概从没想过走到山外去看一看,要不,她怎么从来不去看我们呢?

在群山的背后,是一张偌大的天幕。太阳早已经退隐到山的那一边,天边看不到一丝霞光。但天幕上的白亮一直坚挺无比,让人觉得夜晚永远不会到来。在白亮色的天幕的映衬下,所有的山岭都成了一幅泼墨的国画,苍劲雄奇,浑然一体。我想,这大概就是书上常说的"自然的杰作"吧。

我沉醉在自然的杰作里,不知过了多久,天还是那样亮着。我想,我再这样站下去,一定会成为传说中的化石像。我暂时还不想成为化石,因为我还想了解一下我古怪的奶奶呢,确切地说,我对她产生了好奇。

我正准备回屋,一转身,突然发现背后站着一个人,我差点没和她撞个满怀。我抬头一看,正是奶奶。她显然已经在我背后站

了很久,被我的突然转身吓了一跳。

　　我连忙后退一步,说实话,第一次这么近与她面对,她脸上伤口般深刻的皱纹让我有些害怕。当然,我不会将这种不光彩的胆怯表现出来,我只是说,呀,奶奶,你吓我一跳。

　　想家了吧,进去洗个热水澡,睡一觉,明天就可以回去了。她以不易觉察的速度从刚才的惊慌中恢复过来,但是,她确有弱点,这逃不过我的眼睛。

　　我故作轻松地说,我才不想那个破家呢,还是等着它想我吧。

　　我这话好像刺痛了奶奶,她身子轻轻抖了一下,只是一瞬,她就侧过身让我先走,等我走过去之后,我听见她嘀咕了一句,跟你爸一个德行。

　　我装着没听见,转头问,奶奶,这里的天怎么还不黑呀?是不是没有夜晚?

　　就快黑了,你洗完澡,它就黑了。

　　我认为奶奶在哄我,但我也不想跟她计较,就迈步进了屋。

　　澡盆摆在厨房里,是个大木盆,盆口正冒着浓浓的热气,就像一眼无底的妖井。可等我走近才发现,那比无底的妖井差远了。因为盆底只有浅浅的一层水,手掌平着按下去,大概连手背都没不了。我再看锅里,也是干巴巴的,一滴水也没有。奶奶真小气,连水都舍不得。

　　不过,我这人有个脾气,谁越是刁难我,我越是要做给她看看。于是,我拿出自带的毛巾,将厨房门一关,边哼着歌边装得自得其乐地洗起来。

　　等我洗完澡走出屋门透气时,我才发现天果真已经黑定了,就像奶奶刚才跟老天爷商量好了似的。月亮迫不及待地爬上了天空,墨绿的群山已经变成黑压压的一片,像鬼头鬼脑的兽群。

奶奶正在堂屋里就着煤油灯将一床打满补丁的蚊帐往竹床上方挂,蚊帐的三个角都已经被长长的绳子系在屋梁上,吊最后一个角的绳子奶奶怎么也扔不过横梁,因为横梁与屋顶的空隙太小,绳头总是被反弹回来。她在屋里弄得叮当乱响,我当然没心情继续欣赏夜景。我准备进屋,但又不知进去往哪里站,正在犹豫,就听奶奶喊,你如果晚上不想被蚊子抬走,就来帮我一把。

我哧哧偷笑两声,说,不就是把绳头从那里扔过去吗?这很容易。

说着,我捡起地上的绳头,将绳头打了个大结,再将后面的绳子提起一段,以免绳头飞行中受到牵制。然后,我用标准的单手投篮动作,准确地将绳头投过了横梁与屋顶的间隙。

奶奶接过绳头,将蚊帐吊好,又把枕头和蒲扇放到竹床上,然后,就往她的卧室走。我站在那里还等着她夸我两句呢,可她啥也没说就走开了。我忍不住喊了声"奶奶"。奶奶应声停住脚步,转过头看我。

我一时不知说什么好,想了想,才说,我是我们年级篮球队的主力前锋。

好吧,你该睡觉了,一觉醒来,最好忘了什么前锋后锋。说完,她就摸黑进屋睡觉去了。

4

半夜,我睡得正香,突然觉得额头被轻碰了一下,我心里一惊,但表面一丝不动。我偷偷睁开眼缝,看见在我脸的上方有个黑影,定神一看,正是奶奶。她将头探进蚊帐,身子留在帐外,就像英语

课文中阿拉伯人的骆驼。我知道此时不该惊动她,于是,我重新闭上眼睛,等待她进一步抚摸。

可是,事情并非如我所想。奶奶很快就将头退出蚊帐,从竹床边离开。不过,从她的脚步声,我可以听出她没有回卧室,而是进了厨房。

深更半夜,她进厨房干什么?

我刚想起身看个明白,但马上又止住了,因为我身下是张竹床,我一动弹,它就会发出咯吱咯吱的响声。我只好轻轻将脸侧过来,用手挑起蚊帐,借着月光,我看见奶奶取下那个军用水壶,用手在上面反复地抚摸,最后竟一把将它抱进了怀里。她肯定在哭,因为她的身子在不停地耸动,只是怕惊醒我,她才压抑了哭声。我想,她一定是把那个水壶当做她儿子了。这一刻,我恨透了爸爸。

5

第二天早上醒来,太阳已经照得我难以睁开眼。屋里静悄悄的,我正纳闷,就见奶奶扛着锄头从外面进来。

她见我起来了,就说,早饭在锅里。

说完,她放下锄头,拿起一把镰刀又往外走。

我说,你这么早就下地干活。

对我们来说,已经不早了。说着,她就出门走了。

我起来准备刷牙洗脸,可水缸里一滴水也没有,我这才想起奶奶昨晚为什么只给我那么一点水让我洗澡。没办法,我只好把背包里喝剩的半瓶纯净水拿出来,先漱个口,再将剩下的水全部倒到毛巾上,才勉强洗了个脸。

我刚洗完脸,就见小马驹,噢,不,是马立文,他挑着一担水走了进来。他今天并没有用木瓢将水舀出一半,而是将两桶水全部倒进了水缸。看着清凉的水,我真后悔刚才匆匆忙忙就把脸洗了。

我说,你为什么不挑一半回家呢?

我妈说有客人来就得一担水,我再去挑一担就是了。

挑水的地方离这儿有多远?

在山脚下,挑一担水大概一顿饭工夫。

你每天帮我奶奶挑水?

嗯。

那她给你钱吗?

哪儿的话,她也是我奶奶呢。

我吃了一惊,问,她是你奶奶?

嗯,小时候,我也中过三色花的毒,当时谁也没办法,以为没救了。你奶奶一天没吃饭,跑到山的阴面采来水晶花,才为我解了毒。后来,我妈就让我认她作奶奶。

我长长松了一口气,笑着说,那我们是一家人。

他嘿嘿地笑起来,样子很腼腆。我突然发现他那张黑脸竟十分耐看,如果去掉那层黑色,肯定是个小帅哥。

我说,笑什么,我是当真的。

他止住笑说,那我叫你姐?

我心头一喜,故意说,什么?大声点,我没听清楚。

他更不好意思了,黑脸里透出一层红。他挑起水桶就往外走,走到门口,突然回头说,姐,我先挑水去了。说完,飞也似的跑了,好像生怕谁把他那句话夺回来似的。

他黑亮的脊背很快就被山坡挡住了。我收回视线,去看锅里的早餐。

哇,金黄金黄,喷香喷香,尝一口,甜到后脑勺,我从来也没吃过这么棒的早点——南瓜粥。我狼吞虎咽地吃着,旁边没有观众,我也顾不上形象了,开始我还用碗盛,后来,我干脆就着锅吃,当然是把锅铲当做调羹。我想,我的肚子肯定出了问题,因为半锅粥被我吃下去,竟还没觉出饱来。

我意犹未尽地舔舔锅铲,连打几个饱嗝,顿时觉得自己有几分像醉卧莲台的鲁智深。当然,这里没有莲台可卧,我抢出几步,一翻身仰躺到竹床上,真是舒服极了。在家时,妈妈从来就不让我饭后往床上躺,今日一躺,觉得自己白活了十几年。

我在竹床上躺了一阵,才慢慢觉得肚子有些发胀,而且越来越厉害。原来这南瓜粥和红葡萄酒一样,有后劲儿。我真有些担心我的肚子会像吹气球一样吹爆,不过,事实证明我的担心纯属多余,因为没过多久,一切都恢复正常了。我从竹床上爬起来,在屋里走来走去,就像一只困在笼中的老虎,不过,我不是被笼子困住了,而是被太阳困住了。屋外的太阳跟火一样,手从门口一伸出去就能觉得烫。

这时,一个人从外面走进来,我看他半天,直到他开口喊我"姐",我才认出是马立文。我之所以认不出他,是因为他上身不再是光脊梁,而是套着一件白衬衫。我说"套",是因为我觉得那件衬衫怎么看对他都不合适,太白?太小?或者太……我说不清楚,反正我觉得他天生就适合光身子,任何衣服对他都是多余。

他见我注视他,有些窘,连忙解释说,我妈说在女孩子面前不能光身子。

我扑哧笑了,我说,你今年几岁?

九岁。

好,也算个男子汉了,你如果真是男子汉,就应该把上衣脱掉,

别让你妈每天为你多洗一件衣服。

我也这么说,可我妈不同意,她说城里人不比乡下人。

你妈懂的倒挺多,不过,你最好听我的,因为这里只有我是城里人。

他顺从地脱下上衣,然后,突然问我,姐,你从城里来,知不知道怎样才能让水晶花在我们村活下来?

我一愣,问,怎么回事?

他说,水晶花长在山阴面,怕阳光怕干旱,我们村正好处在山阳面,太阳毒,又缺水,所以,谁也没能让它在这儿活下来。

为什么一定要让它在这儿活下来呢?

奶奶说村里人都喜欢这种花,只有它才能让人们脸上露出幸福的笑。

这又是为什么呢?

我说不清楚,这得问奶奶。不过,我还有件事想请你帮忙。

没想到我这小弟弟心里装着挺多事呢。我说,你想让我帮你干什么就直说。

把李老师从我妈身边赶走。

我觉得这可不是件简单的事,让他从头说来,通过他断断续续的叙述,我大概知道了事情的经过。

李老师几年前毕业于省城师范,自愿到偏远的乡村任教,这样,他就成了村小学唯一的公办老师。这里的学生经常辍学,遇到这种情况,李老师就会上门劝说家长,让孩子继续上学。那情形大概就像牧羊人把一群羊赶进破羊圈一样,赶进这个又跑了那个。我这位小弟就是经常跑出羊圈的一只小羊羔。当然,责任不在他,他自己再三对我说他非常喜欢上学。只是他爸死得早,屋里屋外都得他妈一人忙活,一到农忙,他妈就不得不将他留在家里帮忙。

李老师自然就会追到家里来做他妈的工作。光口头做工作不行,那么多事得人做呀,于是,李老师每天上完课就来帮他妈干活,条件是小弟不辍学。这种条件当然优厚,李老师人高马大,干活动一根小指头都比小弟管用,他妈也就答应了。小弟一开始还挺感激李老师,渐渐地,他就觉得有点不对劲了,他看见他妈和李老师在一起总是有说有笑,那亲热劲让人怀疑。他认为自己必须保护妈,谁也别想碰她。当然,他这种感受不能对妈说,更不能对李老师说。

小弟在讲述事情经过时,虽没什么细节,但我从他激愤的语气中可以觉出李老师也许是在乘人之危。男女之间那点事儿,我电视里见多了,吃亏的总是女人,所以,我决定帮帮小弟。于是,我们商量了一些对策,准备今晚就行动。

我们的大事刚商量完,奶奶就从屋外汗流浃背地进来了。小弟连忙告辞,他说,大人都收工了,我再不回去,妈要说我的。

奶奶摸摸他的头,说,是条乖马驹。

小弟一低头,走到门外,回头喊声,姐,我走了。就一溜烟跑得没影了。

奶奶听他亲昵地叫我"姐",就惊讶地看着我,那眼神在问,这到底是怎么回事?

我故意避开她的目光,从背包里掏出一本凡尔纳的《神秘岛》翻看起来,我想让奶奶也尝尝受冷落的滋味。

6

我刚吃完最后一口饭,将碗筷往桌上一放,就看见小弟从门外走了进来,我怀疑他是不是早就在门外等着了。他先冲我使个眼

色,我会心地一笑。

奶奶正忙着收拾碗筷,他走过去说,奶奶,我妈听说来了客人,想见见。

那就让她来见吧。奶奶一边把碗筷往锅里放,一边答道。

他连忙说,不,我妈想让客人到我家坐坐。

奶奶没回话,而是停下手中的活,用眼瞅着我。

我摊开双手,表示这事我也觉得有点突然,然后,我说,拒绝邀请是不礼貌的,我想我还是去一下吧。

那就早去早回。奶奶没再看我们一眼,只顾低头洗碗去了。

我和小弟如受特赦,一抬腿就跑了出去。屋外天光大亮,只是不见了太阳。我跟着小弟七弯八拐爬过几道坎,他那黝黑的身子在我眼前晃来晃去,像个精灵。我想,他只属于这大山,他这样子走进城市会很不协调,就像我白衣白裙走进这大山,让谁都觉得别扭。

姐,快点,前面就到了。小弟在山道上上蹿下跳运动自如,就跟猴子上了树似的,他回头冲我招手的姿势真有点像孙悟空。我自然就是那笨手笨脚的唐僧。想到这里,我笑了,停下脚步擦一把汗。

他见我累得直喘粗气,索性跑回来,一把抓住我的手,说,我牵着你跑。

话音未落,我就跟着他跑了起来,说来奇怪,跑快了反倒没刚才觉得累了。在那只小手的牵引下,我真的像唐僧骑上了白龙马,脚下生云,耳边生风。

我边跑边说,白龙马真棒!

他没听清,问,什么?

我没答,大叫一声"驾",就疯笑起来。他也顾不上我说了些

什么,跟着大叫一声"驾"。一瞬间,我们就成了两名飞奔的骑士。

笑声未落,我们又不得不刹住,因为一幢土屋已经横在我们面前,他说那就是他的家。

小弟松开我的手,一头钻进屋里,一眨眼,变戏法似的牵出一个大活人。那人大概正在屋里忙活,双手湿漉漉的,一边往外走一边将手背往围裙上擦。等那人走到我面前,我就彻底惊呆了。

这莫不是正在浣衣的西施吧?两条眉毛细而修长,比眉笔描过的还黑;两只眼睛大而晶亮,像两口刚被搅动的水井;鼻梁挺而直,嘴唇红而润,牙齿整齐而洁白,匀称的脖颈,标志的身段,就连围裙系在腰间,也像一块精心设计的饰物。没想到这大山中净是大自然神奇的造化。

但是,这自然的尤物显然不是西施,因为小弟告诉我,这就是他妈。

她被我呆看得有些过意不去,就开始找话数落儿子,她说,人家是极尊贵的人,你怎么自作主张让人家到这儿来呢?

自作主张?他刚才在奶奶家不是说是他妈请我来的吗?噢,我眼珠一转,明白了其中的奥妙,连忙接话说,奶奶常提起你,所以,我想来看看你,怎么,不欢迎?

哪里话,快进屋坐。她侧身让我进屋,又对小弟说,快去烧壶茶。

小弟应声进了厨房。

进屋坐下之后,我才发现我们之间并无太多话可谈,总不能就这么大眼瞪小眼吧。于是,我想起小弟说过的水晶花。

我说,阿姨,我想问你件事。

别叫阿姨,山里人听不惯,就叫我罗婶吧。

罗婶,水晶花为什么对你们那么重要?

这可说来话长,咱们村的人以前都不住这儿,住在山阴面。有一次,村里发瘟疫,死了大半人,为了逃避那场瘟疫,全村就迁到了山阳面,就是现在这个地方。那时你奶奶全家就剩下两个人,你爸爸还小,母子两人相依为命,后来你爸爸进城了,这里就只剩下你奶奶,她这辈子苦呢。我们村迁到山阳面以后,病是没了,可我们发现少了一样东西,就是水晶花。在山阴面的时候,房前屋后都是水晶花,突然没了它,我们跟掉了魂似的。你可能没见过水晶花吧,很好看的,它的花瓣是透明的,就像水晶一样。我们原想把村子再迁回去,可那地方已经被别人占了。我们只好试着把水晶花移栽过来,可没成功,水晶花是阴性的,而山的阳面阳气太重,它没法生长。直到现在,村里人一提到这事就唉声叹气。自从村里人迁到山阳面,就再也没有以往的笑声了,因为我们再也没有看到过开放的水晶花。

水晶花是你们村的血脉吧。我试探着理解她的话。

罗婶眼睛一亮,说,你说得真好,我们许多亲人都留在山阴面,和水晶花睡在一起,我们只要看到水晶花,就像看到亲人。

我轻轻噢了一声,就看见小弟端着一碗热茶走过来,他背着妈妈不停地给我使眼色。我这才发现屋外的天色暗了下来,我们的计划该开始了。

于是,我起身告辞。小弟借口送我,与我一道出了门。罗婶将大门虚掩之后,又进屋干活去了。

我见四周无人,就问小弟,你肯定他今晚会来?

天刚一黑他就会来。

好,我让他尝尝地雷战的滋味。

什么是地雷战。

这你别管,你先摸回去把扫帚放在门扇顶上,然后到这里来看

好戏。

小弟会意一笑,就折了回去。我觉得光一把扫帚不过瘾,就在必经之路上用藤条系了一根绊马索,藤的一端固定,另一端牵到高坎上,绕上一把柴草。做完这些,我很满意地拍拍手上的灰土,一副只等鬼子进村的架势。

小弟气喘吁吁地跑过来,担心地问,不会出问题吧?

我拍拍他的肩说,放心,包你满意。

他说,不是这个意思,最好别伤着他,我只想吓跑他。

我觉出点味道来了,他对李老师并不是那种刻骨的恨。于是,我想了想,说,这你也放心,伤不了他。

然后,我们就在路边埋伏起来。不一会儿,一个高高大大的人走了过来,我敢肯定他就是李老师,因为他戴着眼镜。从他含笑的表情可以看出他现在心情不错,不过,很快就会有他好看的。

我亲眼看见他一步步走进我设的圈套,可是,后来的情形并不如我所想。那根藤条只是把他绊了个趔趄(liè qie),他很快就站稳了脚跟。藤条牵动高坎上的柴草滚落下来,但因为他个头太高,柴草只落到了他的肩上,顺带把眼镜挂歪了一点。他扶正眼镜,左右看看,没事人似的走了过去。

更让我失望的是,小弟居然没按我说的那样把扫帚放到门扇顶上,他在上面放了一件打成团的衣服。衣服掉到李老师头上,就跟挠痒差不多。李老师不动声色地捡起那团衣服,走进屋里。我看了小弟一眼,他知错似的低下头。我并不怪他,我想,他这样做是对的。于是,我拉他一把,我们一起跟到窗下探视屋里的动静。

罗婶问,你怎么拿着衣服?

李老师说,我中了机关。

说着,他低头对罗婶耳语了一阵。罗婶听着听着就笑了起来,

边笑边骂,这小马驹。

我看见罗婳笑得像朵盛开的花,不禁对刚才的行动的正确性产生了怀疑。我觉得他俩在一起挺好的。

从窗下撤出来之后,我说,你妈是世界上最漂亮的女人。

小弟张开嘴巴望了我半天,才说,真的吗?我一直以为她只是我们村最漂亮的。

我补充说,起码我没见过比她更漂亮的女人。

你别总说女人女人,我听不惯。

我第一次发现他对我不满,便知道他是个彻底的孝子,连忙笑着说,好,不说就不说,不过,我觉得大人的事我们还是少管为好。

你是说我妈和李老师吗?

我是说所有的大人,当然,我也不喜欢他们来管我们。

7

奶奶每天都在她那三亩二分地里忙着,有时候,其实没什么事可干,她就坐在地边守望着,好像阳光会偷走她的劳动果实似的。她这样做也许是为了避开我,和我面对面,她几乎没什么话可说,而且显得极不自在。这大概是她长年独居的缘故吧。但我是她孙女呀,我应该主动和她多待一会儿。

一天,她到地里锄草,我跟了过去。远远地,我看见她在劳动的间隙起身歇息,但身子已经不能伸直,因为她确实太苍老了,她甚至还要用拳头去捶打后腰。这一刻我才发现,奶奶并不是我想象的那般稳健,是一股精神支撑着她,我担心哪一天她会陡然垮掉。

我走过去说,奶奶,我来帮你。

回屋去！她的语气严肃得有些生硬,汗湿的脸紧绷着,甚是吓人。

我不禁怔住了。

奶奶见我下不了台,又补充说,看书学习,这里没你的事。

我明白了她的善意之后,有些感动,我说,你以前总这样说我爸爸吗?

别提他,再提我马上就让你走。

奶奶说完就自顾自锄草去了,我也只好返回。

我一进门,见小弟也在屋里,他刚挑来一担水。

他一见我,就说,姐,我妈批评我了,妈说我不该那样对待李老师。

我暗笑了一下,故意追问,你是不是把我出卖了?

没,没有,我说那都是我一人干的。

还是条汉子。我拍拍他的肩膀,然后,又若有所思地说,我有个计划,不知你愿不愿意参加。

是不是对李老师下狠手?我不干,因为他人不坏,再说,没有他,我也上不了学。

我哈哈笑了起来,我说,算你有良心,不过,我说的是另外一件事。我觉得一天到晚闲着挺没劲,不如我们去试着把水晶花移植到村里来,说不定就能成功。

我以为小弟会惊喜得跳起来,谁知他一听这话,就叹口气说,唉,这我试过,没用。以前大人都说水晶花在山阳面活不了,我不信,一人跑到山阴面挖回水晶花,可谁知栽下去就死了,浇再多水也没用。

听了他的话,我也陷入了沉思,不过,我很快就想到了一个人,

我说,对,只有让他出马了。

他是谁?

李老师呀,这里只有他知识最丰富,他一定知道该怎么办。

可是,他会帮我们吗?

放暑假了,他在学校待着没事,正好给他找个事做,免得他总想着往你家跑。

我是说我一直赌气没跟他说话。

噢,你还挺有志气的,这事就包在我身上,不过,你现在得领我去会会他。

他见我有武士风范,也来了精神,说,走就走,谁怕谁?

所谓村小学,无非就是几间土墙屋,放了暑假,人去屋空,整个学校静得像个坟场。我们在一间较小的屋子里找到了李老师,远远地,我们就听见他在吟诵杜甫的诗句"安得广厦千万间,大庇天下寒士俱欢颜,风雨不动安如山",见我们突然出现在门口,就愣住了。

没等他开口,我先一拱手,说,杜老师,学生有礼了。

他也不含糊,问,这位莫非就是省城来的千金?

正是。

快请上座。李老师一兴奋,就用手指推一下眼镜,好像那镜框随时都在下滑。

然后,我们华山论剑,将省城风土地貌大谈一遍。

小弟在一边听天书似的,一会儿看着我,一会儿又盯着李老师,等我们的谈瘾过得差不多了,他才插话问,明明是李老师,你为什么喊杜老师?

我和李老师相视一笑,小弟更是丈二和尚摸不着头脑了。

然后,我闲话少叙,说明来意。

李老师听完我的话,就陷入了沉思。小弟以为他不同意帮我们,心里着急,口里就说,我保证再也不暗算你了,你只要肯帮我们,以后你只管到我家去好了。

此话当真?李老师含笑说。

我连忙为小弟开脱说,那晚的机关是我设的,不关他的事。

噢,我就知道另有高人。

我说,闲话少说,你帮还是不帮?

肯定帮,但我得考虑一下,因为我听村里人说过,水晶花要在这儿活下来,不是一般人所能为的。这样吧,你们等我的话,不要擅自行动。说完,他又推了一下镜框。

8

可是,我们做梦也没想到,李老师会突然失踪。我们一连几天都找不到他的影子,去问罗婶,她也是一脸的茫然。

我说,他会不会自己跑到山阴面挖水晶花呢?

小弟说,他从来没去过山阴面。

罗婶说,就是去了,也早该回来了,山阴面路再远,一天也能赶个来回。

我见罗婶双眉紧锁,无计可施,就转头跑去问奶奶。

奶奶说,可能回老家住一段时间,开学再来,也可能不会再来了。山外面的人在这里是待不久的,就跟水晶花一样,水土不服。

听奶奶这么一说,我们的心真的凉了半截。

小弟嘟着嘴说,我们都视李老师为村里的骄傲,谁知他竟背叛了我们。

我说，别这么想，我看他不是那种人。

可是，我们现在怎么办呢？

我们自己干，没有他，我们一样能把水晶花栽活。我信心十足地说，我们明天就行动，不过得保密，别让大人知道。

可是，第二天，我们没有如期行动，因为小弟说他看见李老师回来了，他昨晚偷偷摸进村小，发现李老师正在煤油灯下看书呢。我觉得其中必有原因，于是，计划取消，我们决定到学校去找李老师。

我们跨进学校的土屋，李老师吃了一惊，连忙说，你们来得正好，我正想去找你们。

我冷冷地说，不必，我们已经找了你好几天了。

怀疑我临阵脱逃？

不敢，只想讨个说法。

李老师微微一笑，递给我一本书，书名是《特种植物种植》。我不解地望着他。

他说，前两天我专程到省城去了一趟，在新华书店买到了这本书，又连夜把它看完了。我想，我们现在可以试一试了。

试一试，你没有把握？我在惊喜之余，又有些失望。

水晶花属阴性植物，要让它在这儿活下来，就必须为它创造特殊的生存环境，这很难。

我表示理解，说，那就试试吧。

小弟不耐烦地问，我们什么时候出发？

明天，我们要带上水和干粮。李老师向上推一下镜框，又说，当然，铁锹锄头也要带上。

听了这话，我才发现我当初的计划多不成熟。

9

看来,这次行动瞒不过奶奶了,因为我得找她要干粮,还有水。晚上吃完晚饭,奶奶在厨房洗涮碗筷,我就犹犹豫豫地走进去,吞吞吐吐地说,奶奶,明天,我想,我想……

想回家,好,以后最好别再来了。

不是,我是想到山阴面去一趟。

奶奶怔了一下,问,去那里干什么?

挖水晶花回来栽。

哦?奶奶定定地看着我,好像不认识我,好一会儿,她才说,几个人?

三个,我、小弟,还有李老师。说完,我就低下眼皮不敢看奶奶,我怕她反对怕她嘲笑怕她……

但我的担心是多余的,甚至是错误的,奶奶根本就不是我想象的那样。相反,她突然变得有些激动,连说,好,好,那你今天就早点睡吧,我来给你们炕几个玉米饼。

我受奶奶情绪的影响,也高兴起来,我说,我睡不着,我来帮你烧火吧。

奶奶没有反对,我就坐到灶口烧火,奶奶则在灶台上忙活。借着跳跳跃跃的火光,我看见奶奶的脸上流动着一道异样的光彩,严肃而庄重。她忙着和面、炕饼,神情专注,我知道她在继写一段没有完成的心愿。

我试探着问,水晶花对村里人很重要吗?

那是我们亲人的魂,只要它能在这里活下来,让我死也愿意。

我一时不知说什么好,只听见锅里发出哧啦哧啦的声响。渐渐地,我觉得自己被一个古老的传说笼罩着,我已经成了传说中的一员,但我并不清楚自己将扮演什么角色。

第二天一早,我们在约定的村小门口汇合,没想到罗婶也来了。她说她来为我们送行。我相信这不是全部,因为她有好几天没见到李老师了。我们在场,她和李老师没说多少话,但从他们的眼神可以看出,他们的心灵是相通的。

我们出发了,像出征的勇士。罗婶站在山头目送我们。我背着那个旧军用水壶,小弟挎着布包裹,李老师扛着铁锹和锄头,我们装备齐全,越行越远,再回头时,罗婶已经成了一张剪影,但她似乎还不打算离去,我担心她会站成化石,成为传说中的神女。

山路越来越陡,我们正在爬向山脊。放眼望去,阳面的山坡就像癞痢头,秃一块青一块,草木稀稀拉拉,多为低矮的乔木,几乎没有什么像样的树,更别想绿荫如盖了。我听妈妈说过,这个地方鬼都不下蛋,看来,她说的不算太错。

三人中我最弱,他俩走一阵就站住脚等我一会儿,小弟个儿小,却走得最快,他总是跑在最前面,回头喊,加油,就要到山顶了!那样子活像探路的孙悟空。可惜我们只有三人,否则,别人一定会以为我们是到西天取经去的。

走了一阵,李老师和小弟突然在前面吵起来了。

小弟说,李老师,我帮你拿铁锹。

李老师说,你省着点劲吧,回来的时候,铁锹锄头都归你。

我喘着气追上来,问,那你呢?

李老师推一下眼镜,笑着说,我当护花使者。

小弟于是不再争吵,他说,姐,那我帮你背水壶吧,你走得慢。

李老师说,你现在就要当护花使者?

我们都笑了。笑完之后,我觉得浑身轻松一截,因为我的水壶已经到了小弟身上。

太阳露出整个脸蛋的时候,我们已经爬上了山脊,回头一望,奶奶的村庄就像几块石头码放在山下,我们高高在上,甚至比初升的太阳还要高。

我兴奋得忘乎所以,对着太阳拼命地喊,我们胜利了!

小弟也许是习惯了登高,也许是不习惯这样大呼小叫,站在一边看着傻笑。

李老师一把扔下铁锹,用手做喇叭状罩住嘴,冲着山下喊,水晶花,我爱你!

小弟终于被我们感染,也放开嗓子喊,我也爱你!

我们三人笑作一团,太阳就在我们的笑声中越升越高,它大概也想快点爬上山顶和我们一起呼喊。我生平第一次发现自己的嗓门竟有那么嘹亮,大得吓人,好像整个世界都被我唤醒了。

等太阳爬上山顶的时候,我们已经开始下山了。我们必须下到阴面的山脚下,才能挖到最好的水晶花。俗话说,上山容易下山难。此话不差,上山的时候,我们连蹦带跳,下山时我们却只能一步一步地探着走,好像怕踏着地雷似的。稍陡的山坡我就不敢下,得李老师在前接,小弟在后拉,我才能通过。后来,我觉得自己像极了那个笨手笨脚的唐僧。

目的地终于到了,我一高兴就从小山坡上滚了下来。但我丝毫也不觉得痛,因为我被眼前的花惊呆了。那些花从形状上看与普通的花没什么两样,四片花瓣,长在齐腰深的灌木上。但它的颜色与众不同,不是白色,也不是红色,更不是黄色,而是一种接近透明的蛋青色,有些干脆就是无色。你见过无色的花瓣吗?它们就像水的造型,你以为伸手一摸,它们就会化作露珠滴落下来,但当

你的手指深入花瓣时，花瓣并没有融化，它们将你的手指团团围住，你会觉得一股清凉从指尖传向全身，透彻肺腑。

我就滚落在这样一堆花丛中，仰躺在阴凉的花间，久久不愿起来。要不是李老师喊我，我会永远这样躺下去，让自己变成水晶花。

李老师说，快起来吃饭，我们必须先吃完饭，然后，挖起一株就走。

我意犹未尽，但李老师说的有理，我只好爬起来，与他们共进午餐。午餐吃得十分草率，每人一个饼，啃完之后，对着水壶喝一通水，嘴一抹，午餐就结束了。那样子就像在比赛吃饼似的。

李老师吃完饼，将镜框往上一推，说，真是一种奇美的花。

我问，你以前也没见过？

听说过，没见过，不是立文带路，我们一辈子也没这眼福。

小弟笑笑，说，我们开始挖吧，得找一棵长势好的。

李老师说，对，而且花只能含苞不能开放。

我说，为什么不能多挖几棵呢？这儿到处都是。

小弟望着李老师笑，李老师推了一下镜框，说，理论上说，多多益善，但是，本人能力有限，只能抱动一株。

我不解地望着他，他又连忙补充说，我们必须连根部的土挖起来，一株就有几十斤重呢。

他说完，就对着一棵水晶花挖了起来，他时而用锄头，时而用铁锹，我和小弟在一边根本帮不上忙。我只有在旁边不停地问，李老师，你渴不渴？其实那时水壶已经空了。幸好李老师的回答总是"不渴"。小弟则不停地提醒李老师挖远点，别伤着它的根。

李老师挥汗如雨，他在脱掉湿透的上衣时，对我们说，肃静肃静。

我们不约而同地吐吐舌头，不是因为警告，而是李老师身上鳞

峋的肋骨太让人同情,看那架势,他简直就是他自己的掘墓人。

就在这时,我突然惊叫一声,因为李老师从坑里捡起一根白骨。他放到眼前端详半天,说,这是人骨头。

我说,你不要吓我。

小弟说,他说的也许是真的,这里以前死过许多人,来不及掩埋,就堆在山脚下。

李老师扔掉白骨,推了一下镜框,说,是这些尸体让水晶花长得更加葱郁,因为它们需要阴气。

我觉得浑身发冷,我说,李老师,你快点挖吧,我去采花。

我在花间乱跑一气,本想采一束水晶花,可花瓣一离开植株就凋谢了,像有灵性似的,我只得作罢。等我回到原处,李老师已经将挖好的水晶花搬了上来,花的根部被土包裹,就像长在花盆里。

我们起身返回,正如李老师所说,他当了护花使者,他抱着水晶花的根部,小心翼翼的样子就像端着一满盆水。看来,他这护花使者不好当。

10

天色向晚,我们凯旋而归,罗婶正挑好一担水等着我们。

小弟扔下铁锹,上前将头埋进桶里牛一样狂饮起来。

罗婶说,少喝点,留着饮水晶花。然后,她又看着李老师,说,你看这孩子。

李老师推一下眼镜,说,饮花一桶就够了,让他喝吧。

说完这话,他不由得舔了一下干裂的嘴唇,我也跟着舔了一下,两个渴死鬼就那样虎视眈眈地等着小弟抬头。

小弟抬起头喘口气,刚准备埋头再喝,李老师一把将他拉住,说,你可以暂停了。

接下来,我和李老师你一下我一下,把那半桶水喝得一滴都没剩。

剩下的一满桶水谁也没动,那是留给水晶花的。我们找了一个低洼处把水晶花栽下,浇一次水填一层土,直到把它埋得稳稳当当之后,我们才三步一回头地离去。

第二天一清早,我准备起床去看水晶花,刚一起身,就觉得头发沉眼发晕,欠起的身子又重重地摔到竹床上。

奶奶见状,连忙过来摸我的额头。我觉得她的手好烫,我说,奶奶,你发烧了?

奶奶说,不是我发烧,是你中了水晶花的毒,发冷。

我吃了一惊,问,水晶花也有毒?

有,是阴毒,你一定是吃了水晶花。

我昨天确实尝过几瓣水晶花,除了清凉之外没有其他异味。于是,我说,有救吗?

奶奶说,我用三色花给你敷敷看。

三色花不是有毒吗?

是呀,一毒降一毒。

奶奶说完,就出去采来一些三色花,把它们压成泥状,敷在我的额头、手腕和小腿上。我感到有几股热量从敷药处向周身蔓延,脑袋开始恍惚起来。

我担心地问,奶奶,我不会死吧?

我跟这两种花毒打了一辈子交道,它们谁也别想难倒我,你先安心睡一觉,醒来就好了。

听了奶奶的话,我真的就放心地睡着了。不过,没睡一会儿,

奶奶就把我摇醒了。她说,源源,你快看,奶奶美不美?

我觉得奇怪,奶奶从来就是板着面孔和我说话,就在刚才闭眼之前,我还没看出她脸上的冰雪有融化的迹象,她怎么会突然问我这么浪漫的问题,我简直有点不敢相信自己的耳朵。我连忙睁开眼睛,奇迹就在这时出现了。

奶奶浑身长满了水晶花,她的身体就像一块丰饶的土壤,那些花朵正疯狂地吸吮着她的养分,蓓蕾正在层层开放。奶奶含笑带羞地注视着我,用眼神示意我欣赏她。

我说,美极了,我以前梦见你就是这个样子,那时,我还不知道这种透明的花叫水晶花。原来梦都可以成真,我应该记录下这美妙的一刻,否则,我怎么讲别人也不会相信,说不定还会被妈妈带去看精神科医生。谢天谢地,我带了傻瓜相机,你站着别动,我来给你照张相。

说着,我拿起相机就将镜头对准奶奶。奶奶吃了一惊,脸上的笑容顿时不见了。

我说,奶奶,别怕,我不会伤害你。说完,我把一只眼睛贴到取景框上,可是,我怎么也找不到奶奶,我连忙将相机移开,这时,我才发现,奶奶已经不是刚才的奶奶了。她身上的花朵迅速地凋落,每落下一朵,身体上就留下一个无底的黑洞,不一会儿,就成了千疮百孔,可怕极了。

我连忙扔下相机,扑过去抱住奶奶,嘴里喊道,奶奶,你怎么了?

奶奶浑身冰凉,她说,这种花只能用心去看,奶奶刚才忘了告诉你,这花跟奶奶一样,从来没见过那洋玩意,你把奶奶吓坏了,把它吓死了。说完,奶奶就像融化的雪人坍塌下来。

我哭了起来,嘴里不住地叫着,奶奶,奶奶。

这时,我听见了奶奶的声音,她说,你醒一下,哭什么?

我睁开眼睛,奶奶正在我身边站着,好端端的。而我的眼泪却顺着眼角流到了耳根。我不好意思地说,我做了个噩梦。

奶奶说,你睡了一天了,该起来吃点东西了。

我这才发现外面的天色已经暗了下来。我真的在床上躺了一天吗?不过,我现在还没工夫考虑这个问题,我一起床就说,奶奶,我不饿,我得先去看看水晶花。

他们刚来过,让你好好养病,那边有他们照应。

他们?

对,三个人。

于是,我又坐回到床边。奶奶在为我盛饭,我望着她,想着刚才的梦,不觉又走神了。

奶奶用筷子敲敲碗,说,吃饭了。

我一惊,回过神来,看见奶奶身子完好,就放心地吃起饭来。

11

第二天一早,我跑去看水晶花。可是,花蕾已经凋谢了,叶片也已枯黄,像火烧过的一样。

李老师、罗婶和小弟都在,他们围着那株枯死的水晶花呆站着。在他们的头顶上,有两块大布像搭帐篷一样平张着。

小弟见我过来,就迎上来说,你可来了,看,又死了。

我问,仅仅一天时间,怎么会成这个样子呢?

小弟说,该想的办法都想了,李老师把他的床单都拿来为水晶花遮阴,晚上怕花热,我和李老师在旁边守了一夜,轮换着为它打

扇,胳膊都快扇断了,可它……

我这才知道那两块大布的用途,我说,李老师今后睡什么?

他有凉席。

我是说夏天过完以后。

那你别担心。小弟冲我使个眼色,说,有人帮他准备。

你是说你妈……

小弟连忙打断我的话,说,是啊,我妈早上给我们送来一罐稀饭,其实我早就饿了,可是,花死了,我不想吃。

我会意地笑笑,然后,我们边说边走近水晶花。

罗婶问,好了?

我说,好了。

李老师说,你昨天的样子很吓人,多亏你奶奶医术高明。

我说,我是好了,可是,我们的花……

罗婶接过话说,没什么,这早在意料之中。

我惊讶地问,意料之中?

罗婶平静地说,对,水晶花本来就不适合在山的阳面生长,要让它在这儿活下来,除非……

除非什么?我紧紧追问。

罗婶像犯了错似的笑笑说,没什么,没什么,我们还是回去吧。

李老师推推镜框,恋恋不舍地抬步离开了。我们也各自分手回家。

我回到家中,奶奶正准备出工,我说,奶奶,水晶花死了。

奶奶像被什么蜇了一下,停住脚步,噢了一声,发了一会儿愣,干脆又折回屋里。

我问,奶奶,你不舒服?

奶奶摇摇头说,你让我静一下。然后,她就进了卧室,并且把

门关上了。

我觉得有些奇怪,但又不敢多问,就只好在外屋干等。奶奶会把自己关在房里干什么呢?她会不会浑身长着水晶花走出来?就像梦里的一样。

我正在胡思乱想,房门开了,奶奶从房里走了出来。我以为她会继续出工,可她没有,她对我说,你去把罗婶叫过来。

奶奶从来没有主动请过谁,我觉得奇怪,就问,你找她有事?

你不该问这么多。

我伸伸舌头,转身跑出门去。

罗婶也正准备出工,听说奶奶叫她过去,吃了一惊,问我,你告诉她水晶花死了?

嗯。我不解地望着罗婶,说,我说错了吗?

没有,没有,我马上就来。说着,她就放下锄头,对小弟说,你快去叫李老师。

小弟应了一声,就朝学校跑去。

我预感到有什么事情要发生了,但我实在想不出会是什么事儿。

奶奶一见罗婶就说,我看时候到了。

我问罗婶,什么意思?

罗婶小声说,你奶奶说她能让水晶花活。

我惊呼起来,奶奶,原来你这么伟大,怎么不早说?

但是,我马上觉得气氛不对,奶奶和罗婶的脸都沉得吓人,就算拿着显微镜也找不出一丝笑意。我也只好把惊喜收起来,盯着她们。

奶奶对罗婶说,你明天去山阴面挖一棵水晶花回来。

我以为罗婶会满口答应,谁知她竟一口拒绝了,她说,不,我不

能去。

奶奶坚定地说,你必须去,如果你还算我们的族人。

罗婶的眼光有些躲闪,她说,可是,您……

你别担心,我一切都准备好了。

听着她们的对话,我简直成了丈二和尚,一点头脑也摸不着。好在李老师和小弟跨进门来,打破了沉闷的空气。

李老师一进门,首先还是那个习惯动作,用手指将镜框向上推一推,然后问,叫我来有什么事?

奶奶说,也没什么大不了的,就是想麻烦你明天和她去挖一棵水晶花回来。

什么?又去挖?不是没法让它活吗?李老师正说着,罗婶一个眼色,他就乖乖地刹住了话头。

奶奶说,你能一直留在我们村,水晶花也一样能在这儿成活。

我觉得奶奶这个比喻很妙,就小声问李老师,是什么力量让你一直留在这儿?

李老师在我耳边说了一个人的名字,我就会意地笑了起来。

小弟说,你笑什么?难道李老师这么快就给你讲了个笑话吗?

罗婶似乎知道了什么,说小弟一句"不懂事"。小弟就不敢再问了。

12

晚上,我正准备睡觉,奶奶走了过来。她在我的竹床边坐下,样子有些拘谨。这也难怪,她从来没有主动靠近过我,或者说,她

从来就不习惯和谁坐在一起聊天。我听罗婶说过,奶奶这么多年都是一人度过的,她的内心一定很孤独。我从开始就深深地同情着奶奶,所以,她对我冷漠,我从来没有怪过她。不过,她现在主动靠近我,倒让我有些吃惊,我见她坐着不说话,就先问,奶奶,有什么事吗?

话一出口我就后悔,难道奶奶没事就不能来挨着我坐坐吗?我真愚蠢。

好在奶奶没在意,她说,你来这儿这么多天了,差不多也该走了。

怎么?你又要赶我走?

不是,我是说你过两天总归是要走的,回去给你爸带个话,让他安心地在城里过日子,我这里就不用他担心了。

这话我看不用说,因为他平时也没为你担心。

担没担心,只有他自己知道,你还小,有些事不太明白。

我平时最不爱听别人说我小,于是,我提高嗓门说,我不懂事,但起码我知道来看看你,可他呢?就知道自己忙忙忙。

奶奶的脸色似乎不太好看,我连忙刹住话头,心想,我说了她儿子两句,她就不高兴了。

奶奶清清嗓子,说,你说的也不错,我在心里也常这么想,可是,他终归还是我的儿子,谁让我有这么个儿子呢?

唉,你摊上这么个儿子,真够倒霉的。

这话就不对了,村里人说起他,都竖这个。奶奶说着,竖起了大拇指,脸上泛起一层异样的光彩。

我笑笑说,奶奶,等暑假完了,跟我一起到城里去住吧,这儿太苦太累。

奶奶听了这话,脸上的光彩一下消失了,低下头想着什么问

题。我以为她会拒绝我的邀请,谁知她不一会儿就抬起头来,说,奶奶要去的,是要去的。

奶奶边说就边起身往里屋走去,脚步似乎有些慌张,又似乎有些沉重。

我本以为奶奶会和我长谈,她却匆匆起身离去,望着她的背影,我还是觉得她有些怪怪的。也许是她长年独居,心里闷的话太多了,一时无从说起,就让人觉得怪怪的吧。好在时间还多,我会慢慢成为她的知心朋友,到那时,她就会把心里话说个透。这样想着,我就安心地睡着了。

13

第二天一早,罗婶和李老师就出发了。奶奶让我和小弟不断地挑水倒进一个土坑里,直到里面能看到积水为止。

那个土坑是以前就挖好的,一人长,半人宽,半人深。为什么要用这么大的土坑呢?水晶花的根部体积只有篮球大小,用这个坑的一半就绰绰有余了。

我说,小弟,你不觉得奇怪吗?

他说,奇怪,但我妈不准我多问。

我说,我也不能问?

他说,最好别去惹他们,大人决定的事都不喜欢我们过问。

于是,我们只好无条件地服从奶奶。为了每趟能多带点水回来,我挎上了那个军用水壶。小弟挑着水桶,我挎着水壶跟在他身后,走了很远的山路,几乎快到山脚下了,才看见一眼泉水。

我是头一次到这儿来取水,没想到这么远,就禁不住问,你每次

都在这儿挑的水?

是呀,我们村只有这一眼泉水,所以叫一眼泉村。

我看了看那泉,水清澈见底,泉口不过比水桶大一圈,深度也比水桶高不到一指。我奇怪地问,这一点水够你们全村人吃?

小弟笑了,他说,这泉水神着呢,不管你挑去多少,它还是这么多。

我不信,让他先打两桶水。我以为两桶就能将泉水舀干,可奇怪的是,桶刚离开水面,泉水就恢复到原来的水位。我惊叫道,这还真是一个聚宝盆呢!

小弟显然是见怪不怪,他说,我们还是走吧。说着,他就挑起水桶向前走去。我连忙灌上一壶水,从后面追上去。

大约走了一半路程,我叫住他说,你放下,该我换你挑了。

他放下水桶,喘着气说,你行吗?

你敢小瞧我? 我一把将水壶塞给他,抢过他手中的扁担,一使劲就把水挑了起来。

他抱着水壶嘿嘿地笑。

我心里想,笑什么? 你个小不点能从山下挑到这里,我就能从这儿挑到山上。可谁知没走出几步,我就觉得肩头压得生疼,腿也有些不听使唤,两边乱晃,桶里的水就跟着往外洒。我咬紧牙关想忍住痛,牙齿都快咬成粉末了,可肩头的痛还是一个劲地往心窝里钻。看来,我不得不投降了,否则,两桶水就会被我洒光。

我放下水桶,大叫,疼死我了!

小弟连忙说,没伤着吧?

我说,没事,没事,只是该你一人受累了。

小弟接过扁担,说,我第一次挑水也像你这样。

听那口气,他好像比我大似的,小不点。不过现在,我也只能

敢怒不敢言。

第一担水倒进坑里,冒了一阵白烟,转眼连水星都见不着了。我们又下山去挑。第二担水倒下去,好不容易留了点墒(shāng)迹,可等第三担水挑来,又什么都看不见了。

我说,山下是个聚宝盆,山上是个无底洞。

小弟累得够呛,说,我的肚子也是个无底洞,再不吃饭就会饿疯的。

我说,好,一起到奶奶家吃,奶奶早上特意煮了一大锅南瓜粥留着中午吃呢。

于是,我们一起回奶奶家。离家老远,我就叫,奶奶,我们饿了。

没有人应。一进屋,没有人影。

小弟说,奶奶可能还在地里干活。

我说,我们就先吃吧,吃完还得挑水呢。

小弟看见奶奶的卧室门关着,就说,奶奶会不会在房里睡觉?

说着,他就要去推门。

我连忙止住他,说,别去,奶奶可不欢迎别人进她的房。

小弟就收住脚步。然后,我们饱餐了一顿冷南瓜粥。我原来一直以为自己是豪吃南瓜粥的第一高手,谁知小弟的吃劲比我更猛,他吃完一碗的时候,我才吃了半碗,等我吃完第一碗,他已经吃到第三碗了。这也难怪,上午的水几乎全是他一人挑的,我只是在他歇脚的间隙,帮他挑一会儿,那时,他总会追在我后面说,姐,你放下,压破了肩头可不是好玩的。在小弟的呵护下,我的肩头除了有点发红之外,其他一切完好。所以,吃粥的时候,尽管我们像两只饿极的猪崽在抢食,但我还是抽空抬起头来说,你多吃点,下午有劲干活。小弟一边嗯嗯地应着,却头也不抬地一路吃了下去。

下午,我们当然得继续挑水,因为那个土坑根本就盛不住水,

我怀疑我们挑一辈子,也不会在坑底见到积水。我有些抱怨,我说,这就是奶奶的办法吗?我看这办法也不怎么样。

小弟说,姐,别这么想,奶奶说有办法,那一定没错,就按她说的做。

我当然得按奶奶说的做,但我不能没自己的思想,我觉得小弟在这一点上真不如我,就知道傻干。

我们一趟又一趟地从山上到山下,又从山下到山上,热毒的日头照得我浑身火辣辣地痛,就像被剥掉了一层皮。不过,这还算不了什么,更难忍的是那双脚,早不知打起了多少血泡,每走一步都得咬两次牙。我想脱掉凉鞋,但赤脚踏在地上又烫又硌,就跟下地狱差不多,我只得把鞋重新穿上。我在穿鞋的时候,突然发现地上有血迹,这显然不是我流的,因为它在我的前方。我顺着血迹向前望去,小弟正挑着一担水向前走着,从背影看不出他有什么痛苦,但血的确是从他的赤脚上流出来的,他每走一步,地上就会留下一块血斑。

我连忙追上去喊道,小弟,你的脚流血了。

他没有停止脚步,只是侧过脸来说,不痛,没事。

我心里痛得不行,冲上去说,你放下,我来挑!

可能是我的口气过于坚定,他乖乖地把扁担交给我。我接过扁担之后,看见他走到路边,揪下一把不知名的草叶,用手揉出汁,然后涂在伤口处。神了,他再走路时,血就不流了。

我笑着冲他竖了竖大拇指,然后,挑起担子向前走去。

太阳下山之后,我们不知道是第几次挑着水来到土坑边,这时,我们惊喜地发现罗姉和李老师也回来了。罗姉抱着一株水晶花,不过比我们上次挖的那株小多了。

罗姉放下花,说,这担水就别倒了,留着有用。

李老师也说，对，有用。

我奇怪地发现他们脸上竟没有一丝喜色。我说，李老师，喝水，忘了上次我们是怎么喝的了？

说着，我把水壶递了过去。

李老师勉强笑了一下，拧开水壶盖，只喝了一口，就递给罗婶。罗婶摆摆手，说她不喝。但我分明看见她的嘴唇已经干裂成鳞片状，我怀疑他们俩今天是不是闹了矛盾，听大人说处于他俩这种状态的人常吵嘴。为了缓解气氛，我找话问，这株花怎么比上次的小呀？

李老师说，一路上都是罗婶抱着，大了她抱不动。

罗婶又补充说，小的容易活。

听他们的口气，不像是闹了矛盾，于是，我有些糊涂了。

小弟则围着他妈不停地讲我们今天的经历，讲着讲着，罗婶突然吼道，别说了！大家都愣住了，包括罗婶。罗婶马上意识到自己失态了，连忙缓和口气说，我们去看奶奶。

李老师连忙应着说，对，去看奶奶。

直到这时，我才意识到事情的根源也许在于奶奶。但是，奶奶做了什么事，会让大家这样不快呢？我一点也想不明白。

14

一跨进家门，我就大声说，奶奶，我们回来了。

没人应。

李老师冲我做了个保持安静的手势。罗婶拍拍身上的尘土，径直向奶奶的卧室走去。她推开房门，走进去，直立在床前，说，我

把水晶花挖回来了。

我正觉得奇怪,奶奶明明在房里,为什么一直不理我们?这时,我看见罗婶突然双膝跪地,不紧不慢地冲着床磕了三个响头。

小弟抢先进房,走到床边,就哇地一声大哭起来。李老师扶起罗婶,罗婶就靠在他怀里抽泣起来。

我慢慢地,慢慢地走进去,我看见奶奶平躺在床上,姿势自然得就像平常睡着了一样。我走近床边,轻轻地掀起蚊帐,那一刻,我全身的血液凝住了,因为我清楚地看见奶奶的脸上掠过一丝笑意,只是一瞬,又复归安详。我知道那是奶奶在对我笑,她终于对我笑了,她把一生的笑留到最后一瞬,全部给了我。那一刻,我觉得自己是世界上最幸福的人,我因幸福而泪流满面。我喃喃地说,奶奶对我笑了,奶奶对我笑了!

小弟扑到我怀里,我一把抱紧他,但我仍然哭不出声来,我觉得我的哭声都被我哗哗的泪水带走了。泪水从我嘴边流过,我竟尝不出它到底是苦是甜还是咸。我使劲抚摸着小弟光滑的脊背,似乎想找回什么,又似乎想抹去什么,然而,一切都已无可挽回,奶奶去世了。

没有棺材,奶奶被和衣埋葬在那个一人长半人宽的土坑里,在她的坟上,我们栽下了那棵水晶花。

罗婶说,这一切都是按奶奶的遗嘱办的。

原来罗婶早就知道这一切都将发生,而她没有制止,只是服从,这到底是为什么?

我问,罗婶,奶奶是怎么死的?

她喝了过量的水晶花茶,只有那样,才能增加她身体里的阴气,才更有把握让这棵水晶花活。

难道非得她死,水晶花才能活吗?

这是唯一的办法。

早知道这样,我当初真不该胡说八道,想把水晶花移植过来。

这不关你的事,迟早有一天她会这么做的。

为什么?

因为在她的心中,水晶花比命更重要。

我还能问什么呢?我只有对着那株水晶花深深地鞠一躬。

三天之后,水晶花开了,真的。我们奔走相告,整个村庄震动了。男女老幼放下手中的碗筷,放下肩上的锄头,排成长队从水晶花面前走过,时而驻足,时而赞叹,像面对一个稀世珍宝。年轻人欢呼着,他们知道这是祖上的花,老年人抹着泪,他们知道在花的下面躺着族人。

而我站在人群之外,注视着这一切,想起了关于奶奶的梦境,梦中的奶奶总是浑身长满水晶花,现在,水晶花真的从奶奶的身体里长了出来,我却开始怀疑我以前到底是不是在做梦。我甚至怀疑我现在是不是在做梦,再过几天,我将离开这里,回到省城,到那时,谁能相信我讲的事情,奶奶、小弟、罗婶,还有李老师,从我口里讲出来,还会真实可信吗?也许我只能永远把这一切当做梦境珍藏。

然而,我看见小弟向我走来,他的身影真实,我甚至还能看清他脚上的伤口。

我听见他说,姐,你不高兴?在想奶奶?我也很想奶奶。

我说,水晶花开了,我的梦也该结束了。

你在说什么?我听不懂。

我说让他们看去吧,我想回屋休息一下。

我陪你回屋。

于是,我和小弟离开了喧闹的人群。

15

我决定提前返城,我的这次旅程就是为了能与奶奶同行,现在,奶奶不在了,我还留在这儿干什么呢?

我把这一消息告诉小弟。小弟愣了片刻,然后问,姐,你以后还来这儿吗?

我也愣住了,不知该怎么回答,最后,我说,我会想你们的。

我收拾着行李,小弟就在一边站着,一声不吭,好像我们刚吵过架。我想了一下,把《神秘岛》拿出来递给小弟,我说,送给你,等你再长大一点,你就能看懂它了。

小弟接过书,抚摸着封面说,这里面讲的是你们城里人的故事吗?

不,它讲的是远离城市远离人群的故事,那个地方比这儿还要偏远。说完这话,不知为什么,我觉得眼睛有些发潮,心中空落落的。

小弟正要说什么,我抢先说,你帮我把水壶递过来。我指着厨房的墙说。

小弟取过那个军用水壶,说,这么旧,你还要?

我接过来装进背包,说,是旧了点,但它对我很重要,就像水晶花对你们很重要一样。

小弟似懂非懂地看着我,他不会知道那水壶中已盛下了我的梦境。

没等爸爸来接,我就动身了,出发之前,我到奶奶的坟头去了一趟,按当地的风俗,我给奶奶磕了三个响头。

水晶花依然开着,奇迹一般水灵灵的,再毒的日头也夺不走它

透明的汁液。

我轻声说,奶奶,我走了。

没有风,水晶花竟然晃了一下,我知道那是奶奶的魂魄在与我对话,她不会这么快就忘却我,哪怕是在另一个世界。

小弟、罗婶、李老师来为我送行,送了一程又一程,李老师甚至提出要把我送到家。我婉言谢绝,我让他们留步,然后,我一转身,独自向前走去。我怕看见他们不舍的目光,所以,我一直不敢回头,埋头走了一程又一程,我想他们肯定看不到我了。于是,我忍不住回过头来,确实不见了人影,也不见了奶奶的村庄,只有望不到边的山在眼前伸展。

我轻轻地挥手,与大山作别。就在这里,阳光消失了,奶奶顺着我的手势走来,身上依然长满了水晶花。我惊呆了,不知道这是梦还是现实。

如果是梦,但愿不要再醒来。

正午的植物园

薛 涛

1

在这个世界上,小离可能只有一个朋友,她的名字叫紫音。小离不是不能再有别的朋友了,比如欣悦,比如毛毛,都可以做好朋友的,但小离固执地认为有一个紫音就足够了。这样一来,小离的交际圈就清静多了。

起初,小离与紫音不是同桌,小离和紫音便把小离当时的同桌毛毛约到派来蛋糕店。小离掏出了近一个月的积蓄也没够付账,紫音仗义地拿出零钱填上,直到女老板脸上露出奶油一样甜腻的笑容。毛毛很过意不去,便真诚地对小离和紫音说:"以后有事你们尽管说。实在是太感谢了!"小离说:"没什么没什么我今天高兴今天特别高兴。"然后三个人在操场上随便找了一块干净的地方坐了一会儿,把余下的午休时间消费掉了。

小离和紫音有事找毛毛是在第二天中午。这次她俩把毛毛约到离学校有两站远的植物园里。刚坐好,小离便说:"毛毛,我真有件事要找你了,想求你帮忙。"昨天奶油的香味还留在口中,毛毛

恨不能马上报答昨天中午的款待。"只要不是让我去送死,我什么事都答应你。"毛毛是个很仗义的女孩。

小离瞧了紫音一眼:"我说吧,紫音。"然后转向毛毛:"我想跟你调座儿,我跟紫音同桌……"毛毛哇地尖叫一声:"My God! 我上当了!吃人家的嘴短,我认了……"小离和紫音热烈拥抱毛毛。

三个人又在植物园里坐了一会。不久,毛毛说肚子饿了,并保证这绝不是敲诈。小离翻遍了所有的兜子,再加上紫音奉献的最后两元钱凑在一起,在外面买了三个小馅饼。然后三个人坐在一棵高大植物下面充饥。紫音说:"坐在植物中间吃零食实在是太美妙了。"后来的事实表明这是小离和紫音最后一次请毛毛吃零食。当天下午,小离如愿以偿与紫音成了同桌。

欣悦问毛毛是怎么回事:"你不该这么轻易就成全她俩。"毛毛说:"她们也付出'代价'了。"

2

就这么回事,小离有紫音一个朋友就足够了,骨子里喜欢清静。有时候,小离和紫音会利用午休时间坐在植物园里零零碎碎地谈她们那些零零碎碎的经历,还有零零碎碎的人和事儿,有的与她俩有关有的与她俩无关。紫音经常说坐在植物中间聊天可真美妙啊!

有一次她俩还不知不觉谈到班里某个脾气古怪的男生。紫音居然认定小离在谈到他时流露着好感。小离气急败坏地说这怎么可能呢他是那么令人讨厌?紫音却说你不觉得他与众不同吗?你

不是声称自己喜欢与众不同吗?小离说我什么时候宣布过,再说了河马还与众不同呢,可是你能喜欢起来吗?她俩谈到的这个男生叫武为,他的确与众不同,用紫音的话说,他的气质深沉得像一匹北方狼。

还有一段时间,她俩对张柏芝产生过浓厚兴趣儿,把跟张柏芝有关的信息和图片搞得到处都是。俩人谈着谈着小离突然不说话了,她两眼盯住紫音,意味深长地说:"哎,你长得有点像张柏芝啊!绝不骗你。"紫音美得红了脸。小离赶紧翻出镜子给紫音看。紫音左瞧右瞧然后问小离:"你真不骗我?"小离说:"我会骗你吗?"紫音把镜子推远些重新审视自己:"还真有点像。从前我怎么没发现自己这么优秀呢?"这样,紫音有了优越感。而这优越感是小离和张柏芝给的,主要是小离给的,紫音还没美到糊涂的程度。为了回报小离,紫音几乎把眼睛贴在小离脸上寻找明星的成分。紫音终于发现小离长得也像一位明星,她的名字叫林心如。这让小离也有了优越感。紫音绝不会把"好东西"独吞的,这也是紫音能成为小离唯一一位朋友的重要原因。所以小离说过假如紫音死掉她坚决断绝与这个世界的任何联系。

其实更多的时候,小离都在跟紫音谈自己家里的事情。家里的事情当然与那些沉默寡言的家具无关。一般谈到"家里的事情",往往要涉及爸爸妈妈或是与他们有关的别人。小离可不轻易跟别人谈自己家里的事情,那是她的隐私,只有她自己有权利知道。而她之所以能开口跟紫音谈这些是因为她已经把紫音当成了另一个自己。紫音肯定就是她自己,不是别的什么人,跟紫音说话就相当于跟自己说话,相当于把自己关在自己的小房间里写日记给自己看。

"家里的事情"先是让小离感到痛苦,然后是无可奈何。最

后那些事情结成了一个灰色的影子,整日蜷在房间角落里小离的书包里,随时随地不怀好意地窥视着她。这让小离养成了不停地打扫房间整理书包的习惯,但是这个习惯一旦频繁便恶化成了怪癖。紫音有时候也陪她这位朋友完成她的怪癖,并且乐此不疲。有一回,小离第三次把文具装回书包问紫音:"我是不是有心理障碍?"紫音大声笑着:"我看你有这毛病,不过你也把它传染给我了。""家里的事情"从爸爸与一位不知名的女人的"交往"开始。她的"闯入"究竟是在哪一天连妈妈也说不清。事实上小离从未见过这位女人,也从未听爸爸正面谈起过她,她更像虚构出来的一个人物。但从妈妈的表现上看,她确实存在,并且她是自己的敌人,只有爸爸一个人矢口否认"敌人"的存在。小离确信"她"存在,并无数次想象着她的模样。毫无疑问,她比妈妈年轻漂亮,与爸爸有某种默契……

小离把这事跟紫音说了,紫音说咱们得站在你妈妈这方,不过千万别把这件事情搞糟。

"说说你爸爸和你妈妈问题出在哪里?"紫音的口气显得很老到。

小离想了想:"我实在说不出。爸爸经常闷在他的书房里写东西不喜欢讲话,我担心有一天他会失语。有时候他也说话,不过不是跟妈妈,是跟自己……"紫音说:"够恐怖啊!"小离解释说:"他是在朗读自己的作品,只是朗读得不太好听,折损了那些作品的品位,要是换了咱班语文老师朗读就好了。爸爸一朗读妈妈就不爱听了,找来卫生纸把自己耳朵塞上,或者把电视音量调到最大。即使这样,爸爸还是能被自己写的东西感动得落泪。"紫音不断地发出歔欷声。她认为小离爸爸算得上是一位文学天才,只是小离妈妈不太适应罢了。天才往往让人感到不太适应。

"那么你喜欢爸爸吗?"紫音打断小离的话。

"喜欢,他只是有点怪,我不知道怎样才能接近他,他让我看到的经常是背影,那背影有台灯的光罩着,怪怪的。""他喜欢你吗?"紫音问。

"我,我不知道……"小离说:"大概喜欢吧。"小离越来越不自信了。

紫音得出了结论:"问题可能在你爸爸身上,他太爱自己从事的工作了,所以出了问题。至于那个不露面的女人,我们得调查调查。"两人在植物园里沉默着,植物们发出的声响夸张地涨大了。

3

小离家里的事情越来越多。那位不知名的女人突然变得具体起来,她几乎"来到"了小离的家中。

那天,妈妈跟爸爸发生争吵,争吵与那位女人的"到来"有关。小离躲在房间里,把门推开一道缝儿,看见妈妈拎着一张雪白的纸在质问爸爸,就好像那张纸上写满了证据。不过她听不清他们说的内容。后来小离在抽屉里找到了那张白纸,那是一张话费查询单,上面印着无数个电话号码和金额,其中有一个号码频繁出现。这至少说明爸爸整天坐在家里并不完全是在写他那部长得永远写不完的小说,这张单据上准确记载了他拨打电话花费的时间,特别是那个号码,它的次数和时间多得惊人。用妈妈的话说,她终于"露面"了。妈妈的表情很复杂:幸灾乐祸、愤怒、悲伤……

小离记下了那个号码,包括长途区号。长途区号前面清楚显示着这个电话所在的城市:杭州。小离想,该找紫音参谋一下了。

其实紫音有一段时间不太关注小离家里的事情了。小离甚至认为她不常说话了,听不到她的声音了。小离不知道发生了什么。有一天下午放学早些,小离望着窗外说:"紫音,走啊,陪我去看心理医生啊,答那种卷子很有意思!"可是紫音没有回答。所以小离是一个人去的。一路上她有点委屈,紫音从未这样对待过她。在心理医生那里,小离按医生的要求,先答了一张卷儿,跟考试一模一样,只不过整个"考场"就她一个人,她不必想去抄袭别人也不用担心被别人抄袭。后来心理医生告诉小离,答卷表明,小离她与这个世界的沟通方面出了点问题……但小离固执己见:"我不需要太多的沟通啊。"所以她与医生之间的交谈进行得很不顺利,医生要求小离定期来治疗也被小离拒绝了。小离说我来这里"答卷"只是为了好玩而已,我是看了你们贴在校门口的广告才产生兴趣儿的。医生一点也没懊恼,他放走了小离。小离走出诊所大门时有种从疯人院逃出的感觉。

小离也没怎么样啊,只不过最近很寂寞,紫音不常陪她罢了。

4

现在好了,紫音又陪小离蹲在植物园中那片高大植物的阴凉里了。刚下过一场小雨,植物园里新鲜湿漉,很干净也很吵闹,不过并不让人心厌,那些声音好像来自那些不知名的植物。

"也许是它们大口喝水的声音。"小离胡思乱想着。

这次,小离与紫音的"相遇"有点意外。不过小离并没有感到任何的不正常,感到意外的反倒是紫音。

紫音问小离:"我又跟你坐在一起了,你不感到有点特别

吗?"小离说:"有什么特别的?你不陪我去看心理医生才有点特别。你后悔吧,坐在那个三条腿凳子上答卷儿可真与众不同。"紫音对心理诊所没有一点兴趣儿,只管说自己的:"这次我见到你并不容易。我想了好多办法。"小离看都没看紫音:"怎么,最近很忙吗?"紫音说:"你一定生气了,可是我没有忘掉你,我……"小离摇了摇头:"我们差不多一直在一起啊,我能感觉到。"紫音不满意这样的答复:"你不知道吗,我已经走丢了,不过现在总算又找回来了。我得回来帮你。"小离嘿嘿笑了:"丢了?你丢在什么地方啦?怎么找回来的?"紫音便说,那地方很黑,空荡荡的,找不到自己的手和身体,只有一些散落的意识在游走,她太不适应那里了,那是不一样的状态不一样的生活,刚才她的意识里突然出现了植物,便随着叶尖上的一滴水抖落下来,一落在踏实的地方便看见了植物园和小离。

"你说怪不怪,现在我反倒不适应这里了……"小离托着腮望着紫音:"中午这种时刻,你的思维总是很活跃,要是考试时间总是定在中午,你的成绩肯定不错。请问,你丢掉以后在那里还用上学吗?"紫音很知足的样子,说不用。

小离说:"那我问你,你为什么不带上我。我俩不应该分开。"这时,小离完全沿着紫音的思维说话。雨后的植物园的这个时刻,采用这种思维是很浪漫的。两人正说着话,又有一颗很大很耀眼的水滴从一片叶子上渗出来并顺着叶脉向叶尖滑去,滴在紫音脸上,可奇怪的是,那么多水一落在紫音脸上便刷地不见了,像被紫音的皮肤吸收了一般。而那颗落在小离脸上的水珠却滑到她脖子里去了,痒痒的。这回小离稍稍觉察到了紫音与她的不同之处——水与紫音的身体似乎是相融的,一点都不排斥。这多么与众不同啊!

5

沉默了一会儿,紫音说:"说说家里的事情吧,我想知道。"小离拿出那个电话号码,告诉紫音,家里的事越来越不好办了,这个电话号码是那个女人的:"可惜,我不知道她的名字。不过总算知道她住在杭州了。她要'出现'了!"紫音拿过电话号码,把这张纸端详一番:"杭州不是浙江省会吗,听说那地方出了不少美女。你爸爸可真浪漫。"小离不喜欢紫音的说法,其实她不希望那是真的。妈妈也不希望那是真的,所以拼命找证据证明,可是寻找到的证据总是让她失望。

小离严肃地说:"我看不是那么回事……"

紫音说:"所以我得帮你调查这件事。假如不是那么回事就把结果告诉你妈妈,她就不用再同他吵架了。要是结果很糟呢我们再另想办法。唉!听够了你家的事情。"紫音的话让小离兴奋得不得了,刷地站起来,头却顶在一片叶子上,无数颗水珠滑落下来,打在地面上,但很快便被吸收了。

"可是从哪入手呢?我没有办法也没有时间啊!"小离又觉得这事其实很棘手,做起来并不容易。

紫音说:"这事包在我身上啦,我整天无所事事,也不上学了,正不知道干什么好呢。"小离不甘心,她本人总得参与一下啊,这件事做起来很像侦探,做个女侦探一定挺有意思。

紫音说:"你哪有时间啊,也不方便做。这回我可要单独行动,但你得协助我,你并非无所事事。"小离说:"快说吧,我做点什么?是不是掩护你,还是……""没那么复杂。明天早上临上学多

往花盆里浇点水,就算完成任务啦。"紫音接着说:"你现在的精神状态不能做太复杂的事情。""你打算随着水滴潜入我家?"小离看出了紫音的居心。

"没错。"紫音老谋深算的样子。

既然紫音是这样安排的,小离几乎彻底失望了。今天紫音的思维存在很大问题,看样子她也该去心理诊所要张卷儿答一答了。小离敢肯定,医生会给紫音一个与她相反的结论:紫音的问题在于她与这个世界的沟通太过分了,到了上天入地的程度,就是这样。不过小离相信紫音能帮她的,在她们之间,存在着一种依赖关系,封闭的小离需要紫音为她当眼睛和耳朵,否则她在这个世界上有可能一筹莫展。

小离久久望着一片叶子出神。她怎么也不会相信紫音与植物的叶子能有什么关系,与水能有什么关系。

紫音的声音从小离身旁传过来:"我得走了,明天中午还在这地方见面。我会有调查结果交给你,现在,你去上课。"小离看都没看紫音一眼:"你真的敢不去上课?"紫音并没有回答。小离扭头看时,紫音已经消失在前面那片茂密的枝叶之间。有几片叶子正在抖动着,好像在告诉小离:紫音是从这里走掉的。小离刚刚说的话紫音大概根本就没听见。

小离出了植物园,正午的阳光均匀地分布在小离头顶那片天空中,蓝色的天空被镀上了一层紫色。

教室里,紫音的座位是空的。这个小离料到了,只是她不肯声张罢了。小离还把一块垫板折成三角牌子,用钢笔粗粗地描上五个字"紫音的座位",免得毛毛再搬回来。小离做着这一切的时候,别的同学用专注的目光盯着那个空空的座位。毛毛甚至禁不住轻轻发出惊叹声,然后所有的同学都沉默着低下头。小离还大声宣

布:"紫音是我的同桌,谁都休想把她调走!"第一节课是语文课,趁语文老师朗读课文时,小离从书桌里翻出了那本彩色的中国地图册,几分钟后她找到了杭州。这是一个有名的城市,不难找。小离悄悄把尺子按在她住的这座城市通往杭州的铁路线上,记下尺寸,然后用地理老师教的办法,按比例尺折算成公里,结果很快就出来了——天啊!杭州是一个很遥远的地方!

下课以后,怕量得不准,小离把地图册拿到桌面上,光明正大地量了一遍,果然比刚才的还要长几毫米。再一折算,比刚才远了几十公里。这时,毛毛和欣悦悄悄站在小离身后了。她俩一清二楚地见小离的本子上写满"杭州"。

毛毛说:"怎么啦,对杭州产生兴趣儿啦,还用尺子量啦?"欣悦小声问:"是不是网友住在杭州?"小离说:"什么网友?我在学习地理,我学会使用比例尺了……"然后小离把那页写满数据的本子折好,装进书包的最底层。

6

晚上,小离的家里经常是比较平静的。爸爸的房间里有嗒嗒敲打键盘的声音;妈妈坐在毛线旁边,面前还有两本有关毛衣编织工艺的书,每年她织掉的毛线大概能绕地球一周,连小离穿的袜子都是她用很细的线一针一针织成的。现在他俩又回到互相不答理的状态,战争在静悄悄进行。这反倒无法让小离看到和平的迹象。小离是中立一方,对眼前的战争无可奈何。其实她并不站在妈妈一方,她只想让那个女人从她的家庭里走开,消失得无影无踪。

小离把自己关在房间里写作业,作业写完后交给妈妈检查,然

后去爸爸房间交给爸爸检查。爸爸简单看了看,说:"作业不是目的,目的是学到东西……"检查通过后小离便可以支配余下的时间了。

看见摆在窗台上的兰花,小离想起了紫音。

小离倒很想亲眼看看这个紫音是怎么随着水滴来来去去的。小离不相信,但她想实验一下。

小离舀来清水,轻轻浇到花盆里,然后观察每一个叶片。为了验证紫音说的话,小离宁可多等一会儿。可是几分钟过去了,每个叶片都毫无反应,连动都不动一下。小离不想放弃实验,小离不想放弃实验就是不想放弃紫音这个朋友。所以小离又舀来水,直接浇在叶子上,一连串的水滴从叶面上滑下,滴在花盆的土中,渗下去了……

小离没有看到她想看的一幕,但小离不想放弃。其实她内心里希望紫音说的话是真的。小离穿过客厅去厨房舀水,妈妈见她急匆匆跑了两趟,抬头问:"小离你到底在忙什么?"小离含混地说在给兰花浇水,然后关上门继续这项荒唐的实验,可是当她回过头面对自己的房间时,眼前的情形把她惊呆了。

紫音倚在写字台上,撇着嘴角看着她呢。

小离揉了揉眼睛,又捏了自己一下,确信自己看到的不是一个幻象。小离不可思议地看着紫音:"可真有你的!"然后走到紫音跟前上下打量起她来。

紫音有点不耐烦了:"这个时候让我来干什么?总得明天上午才行,上午你爸爸单独在家时才能开始调查那件事,现在是晚上,你都把我搞糊涂了。"紫音看看台灯,又看看窗外的月亮。紫音揉着眼睛,看样子刚才她是在睡觉。

两人正说着,妈妈已经站在小离房间的门口了。

妈妈看着小离:"小离你在跟谁说话?"小离看了看妈妈又看了看僵立在写字台旁的紫音——妈妈似乎没注意到紫音,这够奇怪的。

紫音盯着小离又是摇头又是摆手,小离明白紫音的意思,支支吾吾地说:"我在跟,跟花儿说话……"妈妈说:"别瞎闹了,小离,兰花用不着浇那么多水,也用不着陪它说话。睡觉。"妈妈这几天心情不佳,跟小离说话非常简练。她现在没有那么多心思照顾这位女儿了,她的生活已经彻底乱套了。

7

小离妈妈跟紫音的这次见面才是真正的意外。至少紫音这么认为,刚才她可尴尬极了。

"究竟怎么回事?"小离把声音压得低低的。

"谁知道,这不是我俩能搞清楚的事情,你妈妈好像看不见我。""我却看得见!""这么说,能看见我,是你一个人的专利。"两人话还没说完,小离妈妈又出现在房间门口,紫音下意识地躲在小离身后。小离则几乎目瞪口呆了,因为妈妈这次是来给她铺床的,她近得几乎能摸着紫音了。紫音轻手轻脚,猫着腰从小离妈妈身旁钻过去蹲在写字台旁,朝小离挤眉弄眼,脸涨得通红。小离的表情更是紧张,可是这在妈妈看来很是奇怪——没来由啊,帮你铺铺床怎么啦,有什么不适应的,天天如此啊!

紫音见小离妈妈对她确实毫无察觉,胆子大了起来,干脆轻轻一跃,又坐在写字台上,还朝小离放肆地做了两个鬼脸。不过这回紫音可闹大了,她碰着了小离的笔筒,眼看笔筒倒下去了。在笔筒

完全倒下之前小离控制不住,发出一声尖叫,哗啦!笔从笔筒中滑出来。

小离妈妈望着写字台上的笔筒,愣住了——它自己怎么会倒呢?没有地震啊!小离妈妈观察了一下头顶的吊灯,吊灯很安静——这个笔筒实在是太敏感了。

见自己闯了祸,紫音乖乖从写字台上下来,规规矩矩站在写字台旁,就看小离如何解释了,她插不上手的,她插手只能把这件事搞得更糟。小离很为难,真不知道如何解释这件奇怪的事情。可是妈妈却自己想通了,她走过去把笔筒扶好,把撒落的笔拾起来,说:"小离,你的生活一团糟,为什么不把笔筒放平稳呢?"小离咯咯笑起来。妈妈莫名其妙地瞧瞧她:"睡觉吧,今天你有点不对头。"小离答应着躺在床上,这时紫音已经歪在她的床头,很自在地假装睡觉。小离妈妈一走,紫音说话了:"刚才我不是故意的,差点吓坏你妈妈……"小离不想听她解释,小声说:"喂,把声音压低点,我不知道她能不能听见你的声音。"紫音捂住嘴巴。

"今天我查了地图册,杭州是很远很远的一个城市。"紫音说:"明天就该知道你爸爸跟杭州有没有关系了。我猜明天他和她还会通话。""偷听他们打电话?这不太文明。"接下来,两人趴在床上猜那个女人的模样。紫音认定她长得又年轻又漂亮,超过小离妈妈。而小离却不肯同意紫音的推测。当天晚上,紫音留下来跟小离睡在一起。小离表示欢迎,给紫音空出位置。半夜,小离突然醒了,发觉旁边的位置是空的,紫音不辞而别。月光下,那盆兰花的叶子上挂着水滴,闪着零碎的白晶晶的光芒,一抖一抖。这说明紫音离开不久。

不必怀疑了,紫音与水有关,像鱼一样。不过,她可能属于会飞的鱼。

8

小离早上醒来,望着那盆兰花出神。现在,黄盈盈的阳光从窗外斜射进来,关于昨天夜里的一切,都被阳光覆盖在下面了,连那个确实被紫音碰倒过的笔筒都显得若无其事,不肯证实昨天夜里发生在它身上的意外。昨天夜里都发生了什么?小离实在分不清那些细节哪个是梦哪个是现实。本来,小离要是继续想下去,就能知道在紫音身上究竟发生了什么。偏偏这个时候小离再次关闭自己,让自己的内心与这个阳光灿烂的早晨分隔开来。也许只有在夜晚,小离才能将自己内心的窗子打开。而现在,天亮了万物苏醒了,小离的内心该去睡觉了。刚才瞬间到来的清醒让她很不适应。

临上学,小离给兰花浇了过量的清水。爸爸站在门口看见女儿的反常举动了,但他不知道女儿对兰花的"溺爱"是指向他的。

一上午,小离都在想象着家里发生的一切:水珠从兰花某一片叶子的尖端溢出,然后紫音出现,接着紫音大模大样地到爸爸的房间去,站在他身后,或坐在书架下面的转椅上,等着他操起电话。其实假如紫音愿意,她完全可以站在他旁边看他打电话时的表情,而这又绝对算不上"偷"听,这可是当着面听的,不算侵犯他的隐私权……

可想而知,上午的四节课,小离经常"目不转睛"地盯着黑板上的某一块地方,连语文老师都对"那块地方"产生了兴趣儿。他停止讲课,顺着小离的视线找到黑板上"那块地方"仔细打量了一番。他实在没发现那上面有什么值得一看的。

中午,植物园里的绿叶子闪耀着光芒,好像每个光点儿都是一

个灵魂,这增加了植物园的神秘气息。小离沿着一条潮湿的甬路小心走进植物园深处。走了一会儿她不敢走下去了,她担心这样走下去走不到尽头,那比迷路本身还让人不安。

没有紫音的影子,也不见那些绿叶子有什么异样,这几乎使小离要否定昨天中午的经历了。不过小离并不甘心,她绕开甬路朝一个浅水池走去,然后折一片荷叶舀些水扬在一棵高大的植物上。植物园到处可见这种植物,叶子大大的,茎却不粗壮。这时,一阵轻风吹来,叶子飒飒抖动着似乎要超过茎的负荷了,而叶片上也开始闪耀零碎的珠光,小离不得不闭上眼睛一会儿。再睁开眼睛时,紫音已经站在这株植物下面了,小离的疑虑又打消了。

"你早就该去荷花池舀水来。我都急坏了。""上午……怎么样?"小离真怕紫音给她带来不好的情报。内心里小离希望那位杭州女人并不存在,完全是妈妈虚构出来的一个人物。

紫音说:"别提了,我在他房间里待了整整一上午,闷坏了,一点收获都没有,他一直都在写东西,只接过一个电话,对方是位女士,弄不清对方是不是杭州的女人,两人聊了一会儿,聊的内容基本上都是跟艺术有关系的事情,有些我也听不懂,对方好像想约你爸爸写篇东西。这期间你爸爸还给两个地址发过两个电子邮件。唉,当时我离电脑远,没看清内容……总之,没收获,又不能跟他聊天,女侦探这个职业不怎么样。""你应该离显示器近点,反正他也看不见你。电子邮件的内容和地址是很重要的线索!你太没经验了,要是换了我,我能搞回点线索。"小离一气说下去。

"我碰翻了你爸爸书架上一瓶胶水,哪还敢离他那么近?""你怎么毛手毛脚的,从前你不这样。""现在我和从前不一样了,一点都不一样了。""是啊,简直莫名其妙,哎?昨晚为什么不打个招呼就走?""不是我要走的,我醒来时就已经不在你的床上了。可能

是这样,我一睡着就管不了自己,这才叫人在江湖身不由己。""莫名其妙!没见过你这样的人!"小离的心情复杂极了。

9

第一次行动没有收获,紫音有点泄气。紫音断定两个电子邮件中有一个肯定是发往杭州的,可是这有什么用呢?一上午徒劳无功。庆幸的是小离,她确实怕紫音给她带来太多的"重要情报"。

两人沉默了很长时间,她俩一沉默,植物园里的虫鸣鸟唱便浮现出来,连叶子互相拍打摩挲的沙沙声都夸张了几倍,一切都变得轰鸣起来,植物园里其实也不平静啊。

小离嚼着一片叶子,直到满口苦味。"这件事我们解决不了……"紫音站起来,把小离手里的叶子拿下来扬到天上:"但是我们不能放弃。有我帮你,这件事会弄清楚的。不弄清楚这件事,你不会快乐的,是吧?"小离追逐那片从天上落下的叶子:"你要是想帮我,现在陪我在园子里走走。我想看看这园子究竟有多大。"紫音便带小离在园子里转来转去。小离很快便发现,现在的紫音对这片园子里的每一种植物都可以评头论足,充满感情。她还给一些叶子新取了好玩的名字,比如那种心形的叶子大概生下来就是红色的,紫音管它们叫"情浓";还有一种细长的绿色叶子,叶心顶出一簇淡黄色的小花,紫音管这种叶子叫"苗条";另外有一种带锯齿的叶子被叫做"鲁班",叶子上带斑点的叫"美容"……

接着,小离发现,每当紫音走近一片植物时它们的叶子都不停

地抖动着发出嚓嚓的响声。而小离停住脚步,仔细感受着耳边的细微变化——周围并没有风啊?

"奇怪是吗?""不对啊。又没有风,叶子抖什么啊?"小离看着眼前那一簇被紫音称做"辫子"的植物。

"你哪里懂啊?它们知道我来了,跟我打招呼呢!"紫音朝那簇植物挥挥手,那些叶子们便又微微抖了抖,如同紫音给它们送去了风。

"难道植物真有知觉,它们能感觉到外界?"小离不大相信紫音的奇怪说法。

"当然能。晚上你给花浇水时趴在旁边仔细听,要专心致志没有一点杂念你能听见它们喝水时发出的吮吸声,就像我们用吸管喝酸奶一样。""我没注意过。现在我要与一切东西隔绝了。爸爸欺骗我和妈妈,妈妈的情绪坏得吓人,我连他们都不理会了,跟植物还有什么好谈的。"小离心灰意懒,对紫音讲的新鲜玩意儿没有多少兴趣。

"植物跟人不一样,它们从不自私。只要有充足的水分,不管我想在哪出现,它们都肯帮我。不过有时候它们也喜欢恶作剧,会把我送到一个莫名其妙的地方。"紫音无奈地看着小离。

"就像昨天晚上,它们把你送到我房间?其实你根本没想来,对吗?"小离觉察到了植物的幽默感。

"昨天晚上不完全是这么回事。当时它们与你沟通成功了,了解你的念头了,便没经我同意,就让一滴水把我送到你的房间里去了。当时吓我一跳,真不知道自己又到了什么鬼地方。""你是说昨天晚上我跟兰花沟通了?"小离觉得难以置信。

"是这样。总之,你想见我,而它们领会到了你的心情。"紫音边走边跟身旁一些植物打着招呼,那表情就像见到了老朋友。

接下来的路,小离格外小心,生怕自己踩着甬路上的某些小植物。她可不想因为自己的不经意伤害到别的生灵。与此同时,她尽量打开自己所有关闭的感觉,捕捉着植物们发出的讯息。没错,她确信自己抓到某些说不清道不明的东西。

两人走着走着又回到了原来的位置。现在,小离望着站满植物的园子,心想,天啊,这里面多么拥挤多么热闹啊。原来植物也不寂寞啊!寂寞的只有她小离一个人。

紫音说:"你可能患了轻微的自闭症。"小离说让我测试一下再宣判,然后从书包里翻出一本杂志,在最后一页找到一套心理测试题。平时她喜欢填这种东西玩。

紫音说:"填答案吧,凭直觉填,否则不准确。"结果很快出来了,证明紫音的"诊断"纯属江湖骗子——凭那个分数,小离是个热情开朗人缘好的女孩子。当然这个结论小离并不接受,可是又不知道偏差出在什么地方——她敢向天发誓,填答案时她没有违心。

"可是我相信你说的,紫音。我总是不肯接受别人,我这是怎么啦?""也许这些植物能帮你。不过最好先解决你家里的事情,是家里的事情让你患了心理疾病。"

10

那么,下一步怎么办?

望着眼前充满灵性的植物,紫音突然说:"我们为什么不跟她见上一面?""那个女人?我不想见她,我恨她。"小离说。

这段日子,这位女人已经把她的内心干扰得无法平静,期中考

试败局已定。而一旦真的去见她该跟她说些什么呢。同她吵一架,指责她第三者插足?还是动之以情,让她主动退出?小离真怕到了关键时刻自己吞吞吐吐就像没理的一方。要是那样,不如不去见她,不如先观察观察再说。

"不见面这件事永远也看不到转机,再说正义在我们手里,我们还怕她吗?"紫音看出了小离的顾虑重重。

紫音的决心让小离有了信心。有这样的朋友相助,也许会出现奇迹呢!小离想着想着也动心了。

"怎么才能见到她呢?没有她的住址啊!"事情摆在了面前,小离还真是手足无措。

紫音的头脑比小离清醒:"我们不是有她的电话号码嘛,跟她通个电话。"小离恍然大悟,赶紧翻书包,在语文书里找到了那个杭州的电话号码。本来可以决断了,可小离又对这个号码产生了动摇,她怀疑这个号码的主人可能与爸爸没有特殊关系。

紫音说:"还怀疑什么?事实摆在这里了,频繁拨向这个电话,通话时间又那么长,肯定是你妈妈怀疑的那个女人!"那么全听紫音的,小离这时候完全失去了判断力。难怪紫音说她几乎是"百病缠身"——孤独症、忧郁症、自闭症。现在又患上了判断力衰弱症,世界上一种新型病例。

那么,该给她打电话了。植物园门口就有个电话亭。紫音在前面带路,小离跟在后面,两人沿着两旁生满植物的甬路朝门口走去。有几次小离都想放弃了,但紫音决心已定。

"插卡啊!"紫音催促小离。

小离把 IC 卡插入卡口,却又不知道下一步该怎么办了。

"拨号,我念给你听,0371……"小离拨完号,却把话机交给了紫音:"我跟人沟通有困难,你说吧。"紫音无奈地摇了摇头,接

过话机,对方已经在问话了:"喂,哪位?"小离隐约听见,那是一种很温柔很年轻的声音。这声音刺痛了小离。

"你肯定不认识我。不过我想见见你,跟你谈谈。"紫音的口气沉着,老谋深算的样子。

可是对方显然是没听见她的话,还是喂喂个不停。没办法,紫音把话机又还给了小离:"我说话她听不见,就像她看不见我一样。就算见面了,她也看不见我。"小离这时不知道从哪借来了勇气,接过话机平静地说:"我只是想去见见你,行吗?"对方说:"可以啊,你是个不算大的小女孩吧?""是的,一个小女孩想找你谈谈,她不算大。""我们什么都可以谈。现在吗?""不是现在,我想去见你,同你面谈。""哦,也可以。什么时间,由你定吧。""这……我离杭州有点远,不过也不太远,我可以坐火车。"小离突然决心已定。对方的声音似乎可以化解一些隔膜。

"是吗。那你得跟家里打个招呼,再约个同伴一起来,还有……还有你得跟老师请个假吧,我不知该不该让你来……""没问题……"说到这里小离对杭州之行几乎又失去信心。

"反正一下火车就打电话来吧,我整天都在家。"对方还想再谈下去,小离已经无力地挂了电话。她还不想说太多,再说了她觉得此事似乎需从长计议。

两人又回到植物园。

小离找出中国地图册,告诉紫音,她量过了,杭州很远,并且她没钱也没有时间,除非她先去当小偷然后逃学。也就是说她得先成为"坏小孩"然后才可能到达杭州,这代价不小,与她的名誉和前途有关。

小离的话道出了杭州之行的艰难。而这一切,紫音并没有意识到。紫音自己可以随着叶子中的水滴落在杭州,这用不了多少

时间,也不用花钱买车票。可小离不行啊,她必须用时间用金钱才能到达杭州。

"我为什么不可以随一滴水走呢?"小离都有点嫉妒紫音了,嫉妒她与植物之间的默契。

"我们就是不一样,不知从什么时候开始的?"紫音望着小离,她想从小离身上找到更具体的不同。

"从前我俩一样。我们天天骑自行车上学,有时乘公共汽车,你也从来不逃票,有一回你也迟到了……你跟我一样,没有什么不同。可是从那一天开始你不同了……"小离说到这里心突然疼了一下,然后她又拒绝思考下去了,她不想打开自己的记忆之门,她必须忽略紫音的存在状态,即从前的紫音和现在的紫音是一个而不是两个。她也只接受一个。

"为什么呢?"紫音望着伸向植物园深处的曲折小径,它通向更远的植物深处,而那里有一种力量正在"吮吸"她,召唤她。从前的某个时刻发生过什么,似乎与那条幽深寂静的小径有关,小径是她通向自己"从前"的一个通道,而它与叶脉中的水是连通的,所以她有了机会,有了与小离重逢的机会……

小离注意到,紫音在小径深处的消失不是瞬息之间,而是一点一点融化进去的,这过程更像是被展开的枝叶所吸收。眼前发生的一切把小离迷住了,她久久沉浸在那个奇怪的过程里,以至于紫音彻底消失时,她还望着那些摇曳的植物不肯走开。在那段时间里,她浸泡在恬静的忧伤里,如同睡在儿童时代一个难以忘怀的梦中。

一只从眼前飞过的黄蝴蝶扰醒了小离。她又该赶回去上课了,这个植物园不是她的最终归宿,她只能路过只能短暂停留。不过这个中午还是有收获的,与那个女人有了一次很近的接触,她声音

动所,似乎也善解人意,爸爸肯一次一次打长途电话给她也就不奇怪了。并且小离猜她从事的职业可能跟爸爸一样——写作,差不多整天都待在家里。他们多么寂寞啊!他们通通电话也是可以理解的嘛……小离简直要原谅他们的非分之举了。

11

杭州之行又是必须的。它可能永远都在计划之中,但绝对不能放弃。紫音认为。

怎么办呢?只能坐火车去了。整个晚上,小离都把自己房间的门关得紧紧的,因为紫音就大模大样坐在她对面。她尽量压低声音同紫音说话。

她们还在商量遥远的杭州之行。下午紫音去过火车站了,有一次直达杭州的快速列车,晚上9点发车,第二天上午8:10到达。也就是说,要走将近12小时才能到达杭州。小离一听,险些昏倒在床上。

"天啊,相当于一个和尚早晨坐在座上念经,要一直念到晚上,这也只有高明的和尚才能忍受得了啊!"等紫音一公布车票的费用,小离几乎真的晕倒在床上了。车票有两种,一种是软座,一种是软卧。软座比软卧便宜多了,那也需要200元。至于软卧的价格,小离的耳朵已经在嗡嗡响了,她根本就没听见。接着,紫音帮小离算了一下往返的全部费用(包括吃最便宜的饭、坐最便宜的公汽什么的),至少需要500元。这还不包括出别的意外,比如走丢、被罚款或被街头的小饰物吸引。两人正紧张地计算着,小离妈妈又来问了。她总感觉女儿的房间里有种异样的东西。

小离头都没回,说:"我在读课文……"尽管小离妈妈听不见紫音的声音,也看不见她的影子,可紫音还是下意识地捂紧嘴巴不敢出声。

当天晚上,小离才真正意识到钱确实很重要,也就是说大人们整天忙忙碌碌你争我夺的也并非没有道理,而从前自己的清高反倒没有多少道理。小离承认,当一个人真正面对现实生活时会改变很多。

小离没想到,路费在第二天中午就解决了。本来小离准备利用双休日去表姐开的蛋糕店打工了,她还准备让表姐预支一些工资。要是表姐不小气,她就可以准备杭州之行了。当然,姐夫是个小气鬼,让表姐预支工资也很困难。不过那也算有了出路,剩下的就是时间问题了。挣钱毕竟不是容易的事情,现在小离承认,那些千万富翁兜里的钱绝不是某一天早上无意捡到的。

紫音在一簇桑叶中间显现时,小离正在用计算器算她要多少个工作日才能赚足去杭州的路费。她不相信这需要一年时间,所以她不知不觉中私自给自己"提高"了薪水,可是计算的结果并不满意。

"小离,瞧瞧这是什么?我们有钱啦!"紫音手里握着一枚信封,那信封有一定厚度。

"钱?你在哪搞到手的?我可不忍心让你为我去做贼。"小离实在担心这钱来历不明。说心里话,凭紫音现在自身的条件想搞到钱非常容易。小离数了一遍,足足800元,旅途上还可以奢侈一点呢。

"这钱是我妈妈预备给我买新山地车的。不过,现在好像没有用了……""是不是我们在兴华街看到的那种,很漂亮但特别贵。""是那辆。不过没用了,钱一直在我床头的小抽屉里放着,没

人动它。妈妈说用它做个纪念……""那好吧。算我借你的,将来我去表姐家的蛋糕店打工赚了钱再还你。"小离收下了紫音的钱,她没想到事情会进展得如此顺利。小离感到植物园里所有的植物都在向她祝贺,连某片叶子一个不经意的抖动她都认为是在向她致意。

　　杭州之行有了金钱,剩下要考虑的就是时间了。紫音建议小离星期五晚上就出发,并且要带上一盆花和充足的水,以便他们随时联络。这些小离都点头答应了。唯一让小离为难的是如何获得两天时间,这次杭州之行至少需要两天时间,而实际上前后跨了三天呢。这回紫音帮不上小离了,但她建议小离不放弃使用"离家出走"的手段。

　　小离还没有那么大的魄力,她想把这件事做得温和一点。

　　两天后就是星期五。小离战战兢兢站在爸爸妈妈面前撒谎那天简直是世界末日。小离说放学后她想去紫音家过周末,她说的话很少,看上去很平淡。谁料他们竟然轻松同意了,一点异议都没有。妈妈还说:"那你就多陪周阿姨两天吧,你知道她一定很闷的……"爸爸也做出深表理解的样子,那表情很庄重,就好像小离要完成的是一个非常重要的使命,连小离都不敢马马虎虎了。坐在通向火车站的公汽上,小离怎么也没想明白他们为什么如此开明,轻易就放掉了她。这两天,只要他们不往紫音家打电话就万事大吉了。不过没问题,紫音事先把家里的电话线做了恰到好处的处理,他们肯定无法与周阿姨沟通。

　　小离当然没忘去花鸟市场买一盆花,她专选叶多的那种兰花。为了减轻旅行的重量,她选了最小的一盆。顺路她又买了两瓶矿泉水,一瓶留给自己解渴,另一瓶留给这盆兰花。其实连小离也说不清是留给了这盆兰花还是紫音,她在清醒的时候根本搞不清紫

音与植物们的关系。他们可能是一种依存关系,这多么奇怪。

　　车票很顺利就买到了。小离没舍得买软卧,她有个座位就行了;她也没给紫音带份儿,这肯定没必要。她这样做完全是为了不背负太多的债务。

　　临上车,小离想,明天这个时候就要面对那位女人,她与爸爸可能有特殊关系。小离的心怦怦乱跳,她毕竟没有多少社会经验啊。

　　车门打开的一瞬间,要是有充足的理由她都想逃离站台,可是后面的人一拥就把她推上了直达杭州的快速列车,她连犹豫的机会都被剥夺了。

　　车厢里人并不挤,有些座位还是空的。有的人干脆躺在三个位置上,也是蛮舒服的。不过唯一让小离不满意的是对面座位上坐着一个长相很凶的男子,小离很害怕,所以她努力让自己的脸避开他,这样能好些。平静了片刻,大约车上的人都找到了自己的位置,火车开动了。这时小离发觉对面的男人好像正不怀好意地盯着自己的背包。怎么办?小离感到很无助,这车上她一个熟人都没有。哪怕是令人讨厌的校长在这节车厢里她心里也会踏实些啊。

　　小离果断拧开矿泉水瓶盖,从背包里端出花盆,然后给花盆浇水——紫音该露面了。

　　小离做这些的时候,对面的男人愣愣地看着她。他从来没见过这样的乘客,出门旅行还带上一个花盆。

　　小离只管给花浇水,让水从叶子上流到茎上,再从茎上渗入根部,她不敢看这位很凶的男人。小离长这么大第一次"单独"远行,现在她最担心的事情是被拐卖。小离心想:紫音,你在干什么?快出来陪我说话!

　　紫音几分钟后才随叶尖上一滴水抖落下来。紫音顺势坐在小

离和那个凶男人之间的小桌上。她已经很清楚自己的优势了:在这个世界上她可以随便些,除了小离没人看得到她。

小离看着面前的紫音说:"磨磨蹭蹭怎么才来?"紫音还没来得及回答,小离对面的凶男人却一脸迷茫,瞪着小离问:"小妹妹,你说什么?"很明显,这个古怪的小姑娘在同他说话,除了他这两排座位中没有第二个人。

小离赶紧捂住嘴巴,说:"我,我在跟别人说话……"于是,凶男人换用奇怪的眼神看着小离——不用怀疑,这个看上去很正常的小姑娘其实精神不太正常。

紫音说:"人家把你当成精神病人了。"小离并不觉得难堪,她让紫音靠近些,趴在紫音耳边小声说:"这回我可以放心了,他不至于拐卖一个有病的孩子吧?这样的孩子卖不上价钱。"小离跟一个"不存在"的人谈话,很快引起车厢里其他乘客的注意。几分钟后乘务员来了,很关心的样子跟小离说话。

"小姑娘,在哪儿下车?杭州吗?一个人吗?"紫音又摇头又摆手,示意小离不要说实话。小离理解错了,这样回答乘务员:"在杭州下车。我不是一个人。"小离刚说完话又觉得这样不太对,他们看不见紫音啊,小离马上说:"我是一个人一个人。"乘务员的关心并没有结束,她又问了:"出来时家长知道吗?要不要把家里的电话号码告诉我们,我们设法把你送回去。"小离不敢再信口胡说了,点头说家长知道,她去杭州是去看姥姥,下车时舅舅来出站口接她。小离还说她没有病,她只是喜欢跟自己说话,这跟写日记没什么两样,个人爱好而已。当然这些话都是紫音一字一句教给她的,在撒谎的时候小离往往显得弱智。

乘务员的关心既让人感动也让紫音感到滑稽。紫音终于忍不住:"挤"在乘务员和小离中间哈哈大笑起来。当然她的笑声只有

小离一个人听得见。这次小离没再跟紫音多嘴多舌,任凭紫音傻笑。

乘务员观察了一会儿,见小离又恢复了"正常",就走开了,她还要打扫车厢呢。她心想,这小姑娘就算平静下来了,看样子病得不重。

为了避免别人对自己过分"关心",小离不再跟紫音说话了。紫音告诉她只管听,坚决不回答。

紫音说:"明天早上一下车就给她打电话,让她来接站。"小离紧闭嘴巴。

紫音说:"不接站也行,让她约定个地点,我俩坐出租车去,我们的钱够用的。"小离还是紧闭嘴,只是稍稍点点头。她相信这个微妙的动作没人看得出来。

小离"平静"下来以后,周围的乘客对她也就没有了兴趣。对面的凶男人也打了个哈欠,趴在小桌上,趴了一会儿可能不舒服,干脆躺在了座位上,他的座位上只有他一个人。小离不方便说话,紫音也没有了说话的欲望,两人开始各做各的事了。小离有时看看窗外。窗外一片黑暗,连一点灯光都看不见,整个列车如同在茫茫宇宙中飘荡,只有车轮有节奏的颤动才能让人感觉到它的速度,否则小离真的以为它已经停了。

不知过了多长时间,列车的速度减了下来,后来顿了一下。有几个乘客下车,但没有人上来,上来的是一团凉丝丝的空气,躺在座位上的凶男人打了个喷嚏。随后列车又顿了一下,开走了。寂寞很快又包围了小离,她真想快点结束这种没有尽头的宇宙之旅。

紫音说:"你也躺在座位上睡吧,我陪着你,不过我一旦睡着就要离开你了。"小离无奈地点着头,她知道,紫音的去留有时候也由不得她和紫音。小离准备睡觉了,她把背包放在座上,这样既可以当枕头,又防止钱被人偷。

小离几乎一觉睡到终点。这一夜小离都在同一个梦境里——在宇宙中飘荡,无所依傍,所以,有点虚脱,没有着落。

火车刚一进杭州站,车厢里就乱了起来,人人都像逃难。小离就是在这个时候醒过来的。那场面把还在梦境中徘徊的小离吓得抖了一下。车窗外的阳光和乘务员的报站声很快把小离的意识拉回现实,她欣喜地想,啊,旅行结束了!

小离临下车,往花盆里浇了大量的水。紫音也守信用,准时回到车厢里陪小离一起下车。整个旅行小离周围弥漫着一股油漆的味道,它好像来自涂在车厢外面的一种草绿色的涂料。现在她要告别这种味道了,还有点不舍呢。小离跟在人群后面向站口走去,紫音在人群里要比小离逍遥自在一些,有时她甚至可以从一对互相挽着的人中间"挤"过去,所以小离怀疑紫音的常态可能是烟一样的东西。紫音的确变了,只是小离目前还不想认真去想紫音身上究竟发生了什么。小离是在逃避某种现实。

出站台后,小离想,该给那个女人打电话了。小离的目光穿过一个一个行人寻找电话亭。而小离此刻的心情倒很像是来杭州找一个亲戚,有点激动,有点迫切。小离自己明白,这可能是人在异乡很容易产生的错觉而已,不可以把这种可怕的错觉留得太久,她不会谅解那个女人与爸爸的密切关系。这是任何错觉都无法淹没的事实。

12

小离在背包里翻IC卡时发现钱不见了。小离把整钱500元

放在一处,零钱放在另一处,结果她找到了零钱和IC卡,整钱500元不见了!

小离发出了一声尖叫,连站在旁边打电话的人都停止了讲话,盯着这位敏感夸张的小女孩。她的尖叫在这个灌满噪音的车站广场上居然也显得很刺耳。

"怎么啦?平时你挺温顺的啊?"紫音预感到不妙。

这些日子里小离沉默寡言,像个淑女似的,从她口里发不出这么刺耳的声音的。

小离没心思跟紫音解释什么,现在最紧要的事情是重新确认一下。小离在广场上蹲下来,把背包里所有的东西都倒出来,一件一件摆弄了一遍。有两个好心的人还以为小离是摆摊的呢:"喂,小姑娘,广场上不让摆摊,摆摊要罚款的,我可提醒你了。"小离赶紧把这些旅行用品又装回背包,她已经没有能力支付罚金了。她的钱包确实丢了,她声泪俱下地把这个残酷的事实告诉紫音,紫音则发出一声更刺耳的尖叫:"我的天啊……"紫音知道这意味着什么。小离也知道。

紫音很快平静下来:"我好像没有别的办法了,那是我的全部财产了,我再也拿不出来了。"小离握着IC卡和仅有的16元零钱,说:"我给家里打电话吧,告诉他们在杭州,并且……"小离说这番话时表情自然是很悲壮的。

紫音说:"先等等,不能就这样输了。再说,你爸爸会争着来杭州接你,别给他见那位女人的机会。让我再想想……"小离看着紫音,她看上去胸有成竹。

"这样吧,给她打电话。"紫音平静地说。

"谁?我妈妈还是我爸爸?"紫音问:"我们来杭州找谁来了?"小离一跺脚:"差点忘了,在杭州我们有熟人啊!"想到这

里,小离的内心猛地涌上一股滚烫的热流,她的眼泪刷地浮出来,然后便落花流水一样了。

小离开始拨那个电话号,太激动了连拨了三次才准确无误。电话接通,对方发出动听的"喂"时,小离几乎哽咽了:"我是小离……我出事了!"真有种他乡遇故知的感动:"前两天给您打电话的小离……"对方沉默了片刻:"哦,小离,是你!你怎么啦?你在哪里?"小离简直语无伦次了:"杭州站!"然后号啕大哭起来。紫音还保持着平静,不停地劝小离:"喂,注意点影响,那么多人看着你呢?"小离擦擦眼睛一看才发现自己正被围观,这场面让小离局促不安。

对方说了:"我马上去车站接你,别离开那里……对了,我怎样才能认出你?"小离一时无法描述自己的特征,直到看见背包旁的花盆,便说:"我手里拿着一个花盆,站在行李房前面……"对方啪地挂了电话。

围观的人散了,他们看明白了:这个女孩的困难大概解决了。

小离放下电话,赶紧把花盆捧起来。已经丢过一回钱了,再不能把自己丢掉了,属于一个人的机会并不多啊,小离得抓牢它。但紫音可不这么看:"喂,你傻不傻啊,人家刚放下电话,有几个人能像我速度那么快啊!把花盆放下,你不累啊!"小离不管紫音说了什么,还是专注地捧着花盆不放,就像握着一棵救命稻草,样子很像是卖花的。果然有人来问价钱了:"顾客"是个跟小离同样大小的女孩,小离摇了摇头,告诉她这花不卖。这位刻薄的女孩可不高兴了:"你卖也未必有人肯买啊,瞧那小花小叶的,先天营养不良!"紫音发出响亮的笑声,当然这笑声只有小离觉得刺耳,小离认为难以理喻,她都这样境遇了,紫音居然还能笑出来。

笑过之后,紫音突然很正经地提醒小离:"一会儿她可就是你

的亲人了,这么大的杭州她是唯一一个,你全靠她了,可千万别胡说八道。"紫音意识到即将到来的见面并不轻松。

事实上,紫音这番善意规劝小离根本听不进去,她的目光不断地在迎面来的年轻女人身上扫来扫去,希望从那些目光中寻找到肯与她的目光碰撞的。这期间紫音还在给她的好友小离提供细心的帮助,比如她应该再往前站站,因为那个电话亭挡住她了,如果对方从那个方向来可能看不见她;比如她应该把花盆捧得再高些,这样特征更明显些……小离认为都是有用的建议,一一采纳了,不过这个时候她更需要一个成年人啊!

大约过了一个世纪,小离终于发现100米远的地方有位戴墨镜披长发的年轻女人正朝她招手并向她奔了过来。

小离此时的心情跟在国外偶遇姨妈差不多。她放下花盆,空出双手,只顾擦眼泪。她委屈极了。

"你一定是小离,告诉林姨,出什么事啦?有人欺负你吗?"这位"姨妈"对小离丝毫没有陌生感,这大概与见面时的特殊境地有关。

"在路上我把钱丢了。现在我只有16元钱了。"小离到现在才知道可以叫她林姨,以前小离对她是一无所知,连姓什么都不知道。

原来她姓林。

林姨松了一口气:"哦,我以为出了什么大事!林姨会帮你的。走吧,先带你吃点冷饮,平静平静。"然后林姨帮小离整理书包:"对了,你带这个花盆干什么?平时它也跟你形影不离吗?""好玩,就是为了好玩。对了,它还能帮我。"小离对这位林姨的依赖感转换成了好感,并且渐渐信任她了,找个合适的机会她还想把有关这个花盆的全部秘密都告诉她呢。

林姨拉着小离准备横穿广场。这时,紫音正蹲在旁边打着无聊的哈欠。林姨的到来让她松了一口气,同时自己也显得有点多余了。幸亏小离还没完全忘掉这个好朋友,刚走出两步,她停住了:"林姨等一下,等我朋友一下。紫音,走啦,吃冷饮!林姨请客。"紫音懒洋洋跟在小离身后。她决定心胸宽广些,现在可不是退出的时候,她的朋友小离还会有难处的。小离现在的薄情寡义她完全能理解。

林姨回头看了看从小离身边走过的几个人,她没法确认哪一个是小离的朋友。走到广场中央时,她觉出有些不对头:"小离,你的朋友没跟上来……"小离讪笑着:"噢,一会儿再跟您解释吧。"林姨心想:"现在的小女孩们真是莫名其妙。"紫音说:"你怎能解释得清。快告诉她,今晚你要返回去,告诉她需要多少钱。你没有太多时间也没太多的钱。你现在是昏了头啦!"小离还不想说这个:这多难开口啊。

小离跟林姨进了一家冷饮店。一进冷饮店,小离燥热的心情马上平静了许多。这个林姨还是很善解人意的。

林姨对服务员说:"两份冰奶。"紫音急坏了,对小离说:"快点纠正一下,是三份。你不能只管自己。"小离当然不能丢掉她唯一的朋友,看着林姨,难为情地说:"是三份。"林姨说:"她马上赶过来是吗?好,三份,同时端上来。"林姨唤回了服务员重新要了冰奶。

很快,放在小离对面"空"位上的那份冰奶便"自行挥发"掉了半杯。好在林姨只顾跟小离说话了。

"你的朋友会不会走丢了?"林姨问。

这时紫音正喝得津津有味,在这个世界上她最喜欢的就是植物和水。

小离说:"一会儿我得跟您解释一下,我的朋友与众不同,跟我们不太一样。"这时紫音已经将自己的一份冰奶吸干了,就差没吞掉那塑料吸管了。

喝过一份冰奶,小离的情绪已经完全走出了恐慌和不安,她已经可以用心感受杭州温润的气候了。林姨善意地看着小离:"我昨天看过日记,你是第六个从外地来杭州的读者,我写的小说你真的喜欢?它们有那么好吗?"这样的对话小离始料未及,她可应付不了啦。

紫音却一下子明白了一切,她兴奋地提醒小离:"你太健忘啦,你不是喜欢那部《精灵峡谷》吗?"这回,小离才把林姨与作家林湄联系在一起。林湄的作品她很喜欢,经常偷偷买她的书看。紫音也喜欢她写的小说,不过有时与小离的看法不太一致。小离喜欢她作品中对孤独的体验和描绘,而紫音认为那种调子不明快,她更喜欢她那些有趣儿的细节……

林姨就是林湄,这太意外了。那么赶快适应这意外的遭遇,这可是从天上掉下来的幸福。

紫音说:"别感到意外,将错就错,跟她谈下去。你实在是太幸福了。"紫音换了座位,坐在离林姨更近的一个位置上。

"我最喜欢您的《精灵峡谷》,里面的主人公小羽实在太让我难忘了,她内心很孤独,像我一样。"紫音也想参与到她们的对话中去:"告诉她,读她的作品最好是坐在生满植物的园子里!我们经常在一个植物园里读她的作品。"小离如实转述了紫音的说法。林湄瞪大了美丽的眼睛:"你这感受太妙了。我的小说确实有很多生命意识在里边!"小离告诉林湄:"这是我朋友紫音的感觉,我更喜欢把自己关在房间里读它们。""就是同你一起来的朋友吗?她到底去哪了?是卫生间吗?""她就在我身边,您对面……"小离很为难地说出了事情的真相,但她实在不知该怎样向林湄解释紫音的状态,紫音的存在在她看来是一件无法说清的时空问题,她存在于另一种时空里。

林湄动情地望着小离:"我明白了,你是说你俩非常要好,她总像在你身边。"小离只好点头同意林湄的说法。

小离这个时候的心情无比灿烂,她已经完全走出丢钱的困境了。这位林姨——作家林湄让她喜欢,从读作品到与作家本人见面,这本身就是个传奇旅行。这时林湄结账了,她决定带她去西湖走走,并说那里面长满植物:"要是你的朋友一起来,会喜欢的。她喜欢植物对吧?"小离不住地点头。

紫音抢先上了出租车。她还从没去过西湖呢,她还不知道生在西湖的植物们能不能接纳她这位异乡客人呢。

13

事实上,到达西湖以后,小离和林湄,还有紫音,她们没有到处闲逛。她们长时间坐在苏堤尽头一片竹林里谈天。这时小离和紫音又找到了坐在家乡植物园里的感觉,内心恬静、悠然。特别是紫音,西湖上的这片竹林让她相信天底下所有的植物都是充满灵性的,它们已经向她的到来表示欢迎了。而小离坐在林湄面前突然变得健谈起来,甚至喋喋不休了,很像那种不说话就憋得难受的女孩子。这个连紫音都大吃一惊。

说到植物,小离居然发表了一番很有见解的"演说"。

小离说植物也是可以沟通的,从前她总是把植物当成只会喝水的低等生命,春天的时候发出新叶秋天的时候落掉,其他大部

时间都保持静默,要是没有风,连沙沙的声音都没有。可是最近她发现植物的生命充满活力,它们与她的一位朋友依存在一起,它们还会跟她打呼,即使没有风的时候……

林湄听得着迷了:"你那位朋友对你来说是不是很重要?"小离看着躺在竹林下面的紫音点点头:"其实她一直都跟我在一起,现在她躺在竹林下面。紫音,让竹林晃动几下,向林姨证明你的存在。"林湄对这个女孩子的玩法表示相信,可她向四处张望了一下:"现在没有一丝风,竹林真的会晃动吗?"还没等小离解释什么,大片的竹林便同时晃动起来,像一个经脉相连的整体。

紫音坐起来,对小离说:"问问她,还不相信我在这里吗?"这时,林湄僵硬的表情已经舒展开了,她注视着面前这一大片活生生的生命,直到竹林停止晃动。

"它们在动!平时我太不注意跟它们沟通,太无视它们的存在了,结果搞得自己很寂寞很孤独。"小离问:"你每天都坐在家里,很少出去?"林湄说:"不常出去,我要写很多小说。闷的时候跟朋友通通电话,或在网上聊聊天。一个北方朋友说我可能患了自闭症,可是我才不在乎呢。你的到来让我很开心,我已经几年不来西湖了。"紫音提醒小离:"快告诉她,平时多出来跟植物们在一起,打电话上网只能使人之间更加有隔膜。"其实不用紫音提醒小离也要这样说了:"多来竹林里坐坐,多好啊。说不定还会有更多灵感呢。平时我和她经常去植物园里坐。""是啊!"林湄长长吐出一口气,朝竹林跑去,她的一身白裙子飘扬起来了,就在她要扑进竹林时,这大片竹林又像波浪一样形成一个整体晃动起来。这在紫音看来也是个奇迹。

林湄站在竹林边怔住了。要知道,竹林的摇晃跟风没有一点关系。现在周围风平浪静,整个西湖水波不兴。

紫音说:"快跑进去！小离,告诉她跑进去,它们接受她了！"小离说:"林姨,跑进去,在里面坐一会儿！"小离也跟上去……

　　当天晚上,林湄请小离去一家清雅的饭店吃大餐。没用小离提醒,林湄要了三个人的位置。林湄说:"我确实感觉到她的存在了……"小离介绍说:"她叫紫音,长得有点像张柏芝……"林湄望着那个"空"位说:"欢迎你来杭州。"

14

　　林湄为小离买车票时才知道她竟然来自遥远的北方城市,之前她兴奋地谈着别的内容,没涉及这么具体的东西。

　　"小离,在你居住的城市,我有一位好朋友,我把他的电话号码给你,你给他打个电话,告诉他,我的自闭症大概要好了。他从你那里得到这个消息一定会觉得吃惊的。他是个固执己见的男人,好在我不讨厌这样的男人。他经常在电话里说他很爱自己的女儿,只是他们之间难以沟通。你告诉他,让他带女儿去植物园坐坐……"小离"哦"地叫了一声,接过那个电话号码,那一排数字她当然熟悉极了。

　　火车要开动了,小离把头伸出车窗:"林姨！再见！"小离想好了,不管林湄同不同意,她迟早要把车票钱寄回来。

　　林湄追上列车,拼命地挥着手:"谢谢你们来看我。喂,还有你,紫音,你一定看得见我！你坐在小离对面,是吗？再见！"小离只顾看着窗外,说:"她听见了,真的听见了,也看见了！"随后林湄刷地就闪到了小离的视线之外。直到这个时候小离才想到,来杭州一整天了,可是我来杭州干什么来了,她就是我要找的那个"不

知名的女人"啊！看来,我回去是该跟妈妈谈谈了。这时,小离发现小花盆不见了,她翻遍了背包。它大概是丢在苏堤尽头的竹林里了。

"对不起紫音,我把它丢了……"小离一看对面,才发现紫音并不在身边。

火车在第二天早上到达终点。小离一下火车就直接去了植物园。刚刚下过一场小雨,无数颗水珠从无数片叶子上滴落下来……小离在那里坐了很久,但没有结果。看样子,这次紫音是真的生气了。

其实小离不知道,就在她按照车票上的号码找到自己位置的时候,紫音就消失在一个女孩捧着的一束淡蓝色的鲜花中了。她还对小离说:"小离,我可以离开了。好好生活……"而那时,小离正忙着跟窗外的林湄告别。

15

后来,小离真的去表姐家的蛋糕店打工了,每周去两天。不久,表姐果然破例给她预支了全年的薪水。小离当天就去了邮局,给林湄汇去了一笔钱,还写了一封信:

"林姨,那次,我去杭州看你,其实是想……"从邮局回来,小离又把几张人民币装进信封顺路去了紫音家。开门的是紫音的妈妈周阿姨。紫音当然不在家,这个小离也想到了。看见小离来了,周阿姨眼睛湿湿的,让小离进去坐。小离说要看看紫音的房间,在那坐一会儿。从前紫音的房间总是显得凌乱不堪,现在它还是那副样子,有一本书翻开着,没有合上。小离知道那是林湄的《精灵峡谷》。周阿姨说:"我想让这里永远都是这个样子……"趁周阿姨去冰箱拿饮料,小离把那个装着钱的信封插进床头的小抽屉里。同时小离看见了摆在床头的一个精致的框架,那是紫音和她的合影,紫音开心地笑着,而她有点忧郁,背景是植物园,一大片枫林。季节是暮春。这张照片把小离闭锁的记忆大门完全打开了,小离也就完全"接受"了在紫音身上发生的一切:她和紫音在植物园合影后紫音沿着幽深的甬路,一个人跑进植物园的深处,然后便失踪了。当时,她,还有毛毛,还有欣悦,还有很多人在植物园里寻找,可是没有一点踪迹,她们搞不清这个植物园究竟有多大,究竟有多少植物有多少条小径。而几乎所有的人都认为紫音的失踪与当时一连串的绑架案有关。

现在,小离宁愿相信,紫音的一切一切都与她和植物之间的绝妙关系有关,她完全能够进入植物们的世界,而它们也接受她,就这么简单。然后,小离抹去了那几滴幼稚的眼泪。

小离想:"紫音,我会一天一天长大并一天一天老下去,而你永远14岁……"临走,小离望着客厅里一盆花告诉周阿姨:"平时多给它浇点水,越多越好。"周阿姨眼睛红红的,看着小离,不明白小离为什么要她多多给那盆花浇水,它不需要那么多的。

小离只是重复着:"反正,越多越好……"然后她离开了,她有一个特别强烈的愿望,该去植物园坐坐了,一个人。

也许两个人。

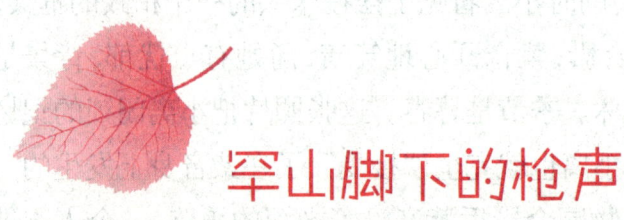

罕山脚下的枪声

许廷旺

1. 狼 来 了

入冬以来,天出奇的冷。风不大,都是硬风,吹在脸上如同刀拉的,丝丝地疼。风没有停的意思,白天黑夜地刮着。天空总是白阴阴的,像妇人脸上施了过多的白粉。从早到晚,天空都是昏沉沉的,看不见阳光。空气又阴又冷。

这样的天气一连持续了半个多月。

"怕是有天灾了!"老猎人根巴望着天空,忧心忡忡。

傍晚,风中夹杂着潮乎乎的空气。

孩子在屋里憋了半个多月,慢慢积攒下来的力量和精神头,酝酿成高浓度的热情。村子上空回荡着他们高分贝的声音。像湿漉漉的空气一样,凝聚在村子上空,赶不走,吹不散。

孩子们的身影引出了全村的狗。村里的狗昏睡了半个多月,身上涨涌着力量与雄性。它们纷纷跑出家门,跑进村中央的空地上。就像多年未相见的老朋友,聚到一起,追逐着,撕咬着,交缠着,嬉闹着……那情景就像狗的集会。尘土飞扬,狗毛满天飞。空气中混杂着狗的臊味。

村里人惊呆了,他们从来没看见过这样的情景,全村的一百多条狗聚集在一起,没有狂吠,没有格斗,相处融洽。

"天啊,不会发生什么事吧?"村里人感慨。

群狗闹够了,玩够了,开始跟在孩子屁股后面在村里游荡。于是村子里形成人、狗混杂的场面,孩子欢快的喊声和狗兴奋的叫声,此起彼伏。这情景过去多年了,村里人仍记忆犹新。

直到掌灯时分,孩子和狗才渐渐地散去。

夜色中,湿淋淋的空气淡了,又是那又阴又冷的空气。

半夜里,风突然大了,呼啸着刮过村子上空,发出鬼哭狼嚎般的吼声。让人听了心惊胆战。

大风整整刮了一夜,也吼叫了一夜。

早晨,风停了。天空放晴,阴了半个多月的天空显得格外明亮。红彤彤的太阳挂在村东的树林上。

根巴看着几天内变化如此之大的天气,幽幽地说:"那边下雪了。雪还真不小!"

罕山绵延上千里,像一道屏障挡住了从蒙古国吹来的狂风。或许是地壳的运动,或许是大自然的鬼斧神工,在这里,罕山一分为二,突然断裂,露出一个足足有一百多里宽的大豁口。肆虐的狂风吹过无遮无拦的蒙古高原后,突然受到阻拦,急切地寻找着出口。罕山胸膛上的豁口恰恰给狂风提供了千里难寻的机会。它们一路席卷南下,蜂拥过罕山。

老猎人根巴判断山那边下雪了,而且是一场暴雪。他担心的不是这场暴雪,而是暴雪之后即将到来的狼灾。

罕山之北有着大批大批的狼群。一场暴雪把大地裹得严严实

123

实的,动物们死的死,走的走。找不着食物的狼群就会跃过巨大的豁口涌到山南,不久的将来,这里将不会有安宁之日。

半夜,村里的狗突然狂吠起来。先是一声,清晰、干脆,继而变得猛烈,响成一片。分不清个数,也分辨不清是在什么地方,似乎全村到处都是狗声,到处都有狗影。

人们再次惊呆了,村里从来没发生过半夜狗狂叫的场面。勤快的人打亮了灯,纷纷走出了家门。开门的一瞬间,看见几条黑影蹿出院门,消失在漆黑的夜色中。又有几条黑影跟了上去。这回终于看清了,是家里的狗。紧接着,远处传来撕咬、格斗声。狗的撕咬、格斗声有些特别,与往日狗之间的战斗大相径庭。

狗与谁战斗?

从声音判断,战斗是激烈的。双方都以最快的速度,最强的爆发力,最残忍的撕咬扑向对方。牙齿相撞,钢钢作响;身体相碰,不亚于闷雷。狂吠、惨叫、打斗声此长彼消。

战斗又是短暂的。偷袭方不愿恋战,采取了即战则战,不战则退的战术。

狗胜利了,叫嚣着,亢奋着。可还来不及庆祝胜利的喜悦,村里的某一处,就传来了伙伴告急的救援声。狗风驰电掣般地赶去增援。于是,一场血腥的撕咬撕开了漆黑的夜幕。

偷袭者再一次惨败而逃,狗再一次胜利了。

又传来了伙伴的求救声。这一次不是一处,而是两处、三处……几乎是遍地开花。求援声是那么迫切,仿佛稍有迟疑,它们就有死于非命、全军覆没的危险。狗不知所措,它们从来没遇到过这么残酷的战斗。它们来不及思索战略战术,十几条黑影分别奔向几个战场。

仿佛暗夜里有一把锋利无比的钢刀,极速奔跑的速度又加

剧了狗死亡的时间。只听"噗"的一声,跑在最前面的狗应声而倒。跟在后面的狗还没弄明白是怎么一回事,只见暗夜里突然伸出五六张巨口,它们出口又狠又准,如同切西瓜一样,嘴起狗倒。狗至死没看清,它们死于怎样的一张嘴下。夜色里的黑影根本不恋战,它们风卷残云般地吞噬了狗之后,借着夜色的掩护逃之夭夭了。

狗遇到了劲敌。

战斗并没有因为几只狗突然倒地而结束,反倒愈演愈烈。

狗叫声,撕咬声,身体相撞声,再一次响起,而且要比前几次更猛烈、更残酷、更持续。

村里的大人没敢入睡,个个提心吊胆,盼望着天快些亮。

天亮了。村里人迫不及待地走出家门,一眼看见地上鲜红的血迹。顿时意识到出事了,他们顾不得许多:"噜噜噜"跑到猪圈前,那里有他们近半年的收成——完了,昨天晚上还好好的一头肥猪,一夜间变成血淋淋,硬邦邦的猪骨架了。

主人愤怒了,竟敢有人打他的主意!他发誓,不找出这个罪魁祸首,他就是村里最没有用的男人。主人沿着鲜红、明亮的血迹找下去。碰到了另一个人,他也是沿着血迹寻找凶手的。

两人互相看了一眼,另一个人哭丧着脸:"我家的两头猪全没了!""我家少了三只羊!"第三个人加入进来。

……

加入的人越来越多,他们互相报告着家里的损失。无疑是猪、羊之类的牲畜。

"谁干的?"十几双眼睛通红,群情激愤,发誓要找出凶手,碎尸万段。

最惊人的是村中央地上躺着几条大狗,其状惨不忍睹:满地血

污,身首异处,随处可见五脏六腑、四肢。几条大狗可是村里的骄傲,它们就这样与主人不辞而别了。

人们一下语塞了,惊慌失措。每个人都想到了一个词。

一切都不言而喻:"狼来了!"

2. 狼 疯 了

狼来得如此之快!完全出乎老猎人根巴的意料。

是那场暴风雪加快了狼转移的速度。风大,雪大,狼群很难找到食物,再加上天气异常的寒冷,极其耐寒的狼群也坚持不住了,借着狂风,趁势越过罕山。狼借风势,风助狼威。狼群转移得异常迅速,而且没有受到任何阻力。

遭受了狼群洗劫的村子又迎来了夜晚。村里非常安静,每个人都沉浸在恐慌中。

入夜,遭受了狼害的人家点亮了门灯。就像受到传染,全村家家点起了门灯。门灯昏昏暗暗,把寂静的山村点缀得如同游荡的鬼魂一样可怕。

人们刚进入梦乡,村里的狗又开始狂吠起来,一声紧似一声,一声比一声急切、响亮。

狗叫声就是命令。全村所有的男人都冲了出来,他们吼叫着,奔跑着,冲向夜色中的狼。

狼群就像事先制订好了计划,两到三条狼,集中力量猛冲一户人家。它们借着夜色的掩护悄悄地进了村子,用鼻子嗅着猪圈、马棚、驴棚……尽管夜色很黑,可它们还是准确无误地判断出了目标。狼采取了统一行动。速度快得惊人,眨眼间跳进猪圈、羊圈……

出口快、狠,酣睡中的家畜立即失去了生命。狼大口大口吞噬着,新鲜的血液,伴着热乎乎的体温,顷刻间进了饥肠辘辘的狼肚。

狗的嗅觉还是迟了一步。狗叫了,奔了过来。主人挥舞大棒奔了过来。

一狼龇着牙,警戒着,其他的狼无所畏惧地大肆吞咽着。

勇敢的狗和勇敢的主人扑了上来,狼最后不得不放弃食物,也不恋战,趁着夜色跳墙逃跑。那些胆小的狗和胆小的主人,只能眼睁睁地看着。狼吃完最后一口食物,转身也逃了。

又是一个不眠之夜。

天亮了,人们一边诅咒着狼,一边收拾着被狼咬死的家畜。

村里的男人不得不聚集在一起,他们判断这不是一条、两条狼,是一群狼,足有一百多只。狼群不是单兵作战,是团队作战,同时进村,天女散花般地分散到各家,采取了个个击破的方式。作战完毕,又会聚在一起,呼啸着逃走。

根巴的小屋里挤满了人,烟雾缭绕。所有人的目光集中在老猎人身上。

根巴一直低着头,长长的烟袋锅上积了一层厚厚的烟灰。凭多年打猎经验,北山的狼是轻易不来南山的。它们有自己的生活习性,在自己的家园捕猎食物,生儿育女。是暴风雪和饥饿打破了这条规律。这么多狼一下子涌进南山,抢不到食物,就会饿死冻死。狼群迫不得已才闯进村里,掠夺食物。

这是一群来势凶猛的狼,一时儿半会还走不了。

根巴抬头看了看挂在墙上的双筒猎枪。猎枪上面落满了灰尘,怕是生锈了。上面有政策,不准打猎,狼也是保护动物。眼下是非常时期,不打狼,就会被狼打倒,财产、生命就会葬送狼口。怎么办?

人们的目光也跟着落在双筒猎枪上。

"打吧！不打,村子是不会安生的。"猎人哈布开口了。他已把自己的那杆猎枪擦得锃亮。

"我们把村里的男人组织起来,分成两队,昼夜护村。"另一个猎人格格头,摩拳擦掌。

他的话激起男人的雄性与力量。小屋里变得嘈杂起来。

根巴抽了一口烟,轻轻地说:"苍生不可杀！"众人都愣了,不解地看着他。根巴知道此话一出,就没有人反对。凭他在村里的地位,暂时还没有人敢站出来当面反对。他明白,早晚有人会反对的,是被狼群逼的,人也疯了。老人仍慢悠悠地说:"把牲畜牵进屋里！"他又补充了一句:"屋里准备好家伙。疯了的狼会扒窗户的。"头一次听说狼也敢扒窗户。他们不得不敬佩地看着老猎人,暂时停止了议论,回家照顾牲畜了。

不幸,让老猎人言中了。

饥饿的狼群悄悄潜入夜色下的村子。村子里空空荡荡,连狗吠也消失了。安静,让狼胆大妄为。它们疯狂地奔向目标,扑空了。一切都是空空的。空气中却飘着肉的香味,进一步刺激了狼的食欲。从村子的东西南北四个方向同时传来四声狼嗥。紧接着村子中央响起一声长嗥,这是狼王听到不幸的消息之后,传达新的命令。

狼开始有步骤、有计划地向房子靠近。一扇门隔住了它们的欲望,狼恼怒了,一下子扑到门上:"哧啦哧啦"地挠门。有的狼大胆心细,嗅出香味里混杂着人的气息。它们饿疯了,完全不把人放在眼里,巴在窗台上,伸出长长的大舌头:"啪啪啪",舔着玻璃。

惨白的月光下,狼的影子清晰可见。

即使人在屋里,也不敢怠慢,手里握着家伙,与狼对峙着。每

128

个人心都提到嗓子眼儿,心咚咚跳得厉害。如果不是老猎人提前通知他们,他们早就吓麻爪了。

奇怪的是,一连三天,没有一条狼闯进老猎人根巴的家里。不知是狼群嗅出老人是个出手不凡的猎人,畏惧老猎人的威风;还是老猎人除了爷孙两人之外,再也没有活口之物。

根巴没有睡,自从狼群出现后,他一直琢磨着如何驱走这群狼。他打了一辈子狼,知道狼的秉性,也知道狼为什么这么大胆。这群狼是轻易赶不走的!这里有食物,罕山脚下有供它们藏身的山洞。赶不走,就难免不发生一场人与狼的战斗。受到伤害的仅仅是人吗?饥饿、寒冷,让狼变得疯狂了,忘掉了害怕,忘掉了死亡。一旦死亡随时降临到它们头上时,它们也就无所畏惧了。疯狂是自然的事了。

这一夜是惊心动魄的,是双方耐力与意志的比拼。

夜色渐渐淡去,狼群消失了。

白天,人们又恢复了正常的生活,牛倌和羊倌吆喝着走过村子,一家家把牛羊放了出去。虽然天冷得厉害,也得让它们活动,否则就无法抵抗漫长的寒冬。

牛倌曹老六赶着牛群向一片山坳走去,那里草多,向阳,暖和。领头的是一头犍牛,高大、稳重,不紧不慢地走在队伍的前面。曹老六走在牛群最后面。他弓着身子,缩着头,双手深深插进袖口里,从远处看就像一个棉花包在滚动。

今天犍牛表现有些奇怪,走走停停,不时抬起硕大的头闻着。牛群像受到了惊吓,走得异常缓慢。那些喜欢撒欢的壮牛,也老老实实的,目光里时时闪过一丝惊慌。

犍牛突然停了下来。牛群也停了下来。曹老六一头撞在前面的牛屁股上,粗大的牛骨架撞得他眼冒金星。"快走!"曹老六骂

骂咧咧的。

犍牛没有动。

曹老六狠狠给了犍牛一棒子。犍牛仍没有动,它静静地看着前面的山坳。曹老六回头看了一眼,就这一眼,曹老六发出哭爹喊娘的叫声:"狼!"他转身就跑,忽然想起还有一群牛,声不是声地喊道:"快,快走!"已经来不及了。

至少有二十几条狼追风赶月般地飞了过来。狼的目标出奇的一致,它们绕过那些大牛、壮牛,直奔小牛而去。牛群炸窝,四散奔逃。由于牛群突然散开,受攻击面一下增加了很多倍,这给狼提供了一个绝妙的机会。二十几条狼齐刷刷地奔向二十几头小牛。母牛意识到小牛有危险,紧紧护着,大牛、壮牛也赶来增援。再英勇的牛也无法抵抗凶残的狼。狼左躲右闪,窥视着小牛,瞄准机会,饿虎扑食,小牛架不住一扑,一头栽倒在地。那些吓得来不及逃跑的小牛,已是苟延残喘,就势瘫倒,狼一口咬断动脉,鲜血奔涌而出。

结果,所有的小牛无一幸免。

犍牛没有跑。它冲向最近的一条狼。犍牛的举动激起了狼好斗的天性。狼王仰天一声长嗥:"呼啦",所有的狼停止了撕咬,放下即将入口的食物,一起奔向犍牛。可怜,一头两千多斤重的犍牛,顷刻间被二十条狼团团围住,眨眼间被放倒,致死。犍牛至死都瞪着一双吓人的目光。

有人亲眼目睹了狼群围杀犍牛的场面,场面是悲壮的,也是血腥的。事情过去很长时间了,回想起来,还心有余悸。

曹老六连哭带爬跑回村子,声音像哭丧似的,又阴又冷:"完了,完了,全完了……"

同时,哭着跑回村里的还有羊倌。羊倌更惨,只有他回来了,

身后连根羊毛都没有。

3. 暴 风 雪

村里的男人再一次集中在根巴的小屋里,唾沫、愤怒、指责、谩骂……像潮水一样从男人的胸腔里倾泻而出,快把屋顶掀翻了。根巴的孙子巴尔惊恐地看着这些男人,自从狼群来了之后,这些男人几乎也变成了狼。他打量着这些既熟悉又陌生的面孔,最后目光落在爷爷身上。根巴始终低着头,乌黑、泛黄的烟袋锅在爷爷枯干的手里轻轻颤抖着。

沉默了,积在男人胸中的愤怒通过又一轮吼叫已经发泄得差不多了。老猎人不紧不慢地抽了一口烟,他知道如何对付这些被狼逼疯了的男人,那就是先选择沉默,然后给他们讲解这群狼的来历。这是一场持久战,绝不能在气头上与狼唐突作战。

"羊群没了,牛群没了,我们的生活被打乱了,我们必须向狼宣战。"沉闷的气氛被猎人哈布打破了。哈布家损失惨重,羊群没了。那头令村人羡慕的犍牛倒在狼口下。他被仇恨燃烧着,脸色红涨,双眼猩红,瞪着一双令人恐惧的牛眼。他愤怒地盯着老猎人,希望能在老猎人的号召下,带领全村的男人与狼进行一场殊死的战斗。他万万没有想到,还没有战斗,老猎人就已经被狼吓倒了,这是个懦夫,玷污了猎人的称号。"好!既然你不同意战斗,那我就带领大家与狼战斗。"老猎人猛地抬起头:"还要从长计议。"如果说哈布还讲一点情面,给老猎人留一份尊严,猎人格格头却撕下最后一层窗户纸:"你不配猎人的称号!"他额头上的青筋暴跳:"你白打了一辈子的猎。我们走!"屋里的人走光了。

"爷爷,怎么办?"巴尔怔怔地看着老猎人。

"嗨!这些人操之过急,早晚会吃亏的!"老人看着窗外,一字一句地说。

村里的男人迅速组成两支队伍,一支由猎人哈布带领,一支由猎人格格头带领。他们分别在牛倌和羊倌的带领下赶往出事地点。

来到牛群出事地点,人们惊呆了,光秃秃的大地上只残留着一具巨大的牛骨架。牛骨架白森森的,上面留有斑斑牙痕,被阳光一照泛着寒光。饿疯了的狼群连丁点血迹都没舍得留下来,舔净了混着尘土的血迹。人们倒吸了一口凉气,这是一群什么样的狼?太残忍了。

由格格头带领的队伍看见的情形更惨,出事地点就像有人特意打扫了,干净极了。格格头一遍又一遍地问是这里吗,羊倌一口咬定就是这里。为什么这里没有残胳膊断腿?即便没有这些,也应该有羊血啊!鲜红的羊血流到地上马上就冻成冰了,还有那硬硬的骨架、硬硬的羊头,哪去了?最后连羊倌也糊涂了。

两支队伍受到意外打击,无功而返。

经过男人惊恐的描述和匪夷所思的讲解,村子的上空突然笼罩着不祥。还没入夜,家家早早关上了门。整个村子像死了人一样肃静。

"这些人,连狼的性格都不知道,怎么会打赢狼呢?"老猎人站在漆黑的夜色里,仰望着星空。

巴尔不解地看着爷爷:"狼走了?""狼暂时走了。它们饱餐了一顿,知道人要报复,暂时离开了。不过,还会来的。"老人自言自语:"关键是我们如何应付狼的下次侵袭。"正像老人说的那样,这一夜相安无事。

安静的夜晚给了男人更大的胆量,他们暂时忘记了昨天的恐怖。两支队伍诅咒着,叫嚣着,浩浩荡荡地出发了,他们去寻找狼。

"走,我们也去看看!"老猎人背上双筒猎枪,他看了一眼还在发愣的巴尔:"要不人家就骂我孬种了。"村口,老猎人与两支队伍相遇了。

"哟,终于待不住了。"格格头揶揄说。

"他哪是待不住了,是狼跑了,他的胆量又回到身上了!"哈布的话引得所有人哄堂大笑。

老猎人笑了笑,向罕山密林深处走去。

罕山山高林密,是狼聚集的天然屏障。再加上山上有许多天然的石洞,是狼藏身的绝好之处。

"他怎么去了那儿?""别忘了他是老猎人,或许他是对的。"猎人哈布看着越来越小的两个身影,慢腾腾地说。

"爷爷,你真是打狼吗?"巴尔气喘吁吁地跑上来。

"笑话,这么多狼谁能打得过来。我们应该想办法把它们赶走。但前提是你必须了解狼。"山越来越高,脚下的路越来越难走,杂草丛生。呼呼的山风从罕山上吹过。空气中弥漫着一股狼臊味。

"狼群就藏身这里!"老猎人双眼漫过一望无际的罕山。

两支队伍一连三天都没有捕捉到狼影,不过,他们的情绪是高涨的,他们认为狼一定害怕了,他们必须要一鼓作气消灭掉这群狼。

早晨,天空中飘起了雪花。雪花越下越紧,纷纷扬扬的。

太阳失去了光芒。

这样的天气,狼群一定不会出来活动。只要找到狼窝,就会逮个正着。这真是天赐的良机。

两支队伍又出发了。

老猎人拦住了队伍:"这样的天气不适合打狼,弄不好会迷失方向的。""那我们就不打狼了?牛、羊就白白地损失了?!"猎

人哈布眼睛又瞪了起来。

"一连四天没有动静,狼也该下山了。我们应把注意力放在晚上……""打狼不是恰恰避免灾难再次发生吗?"哈布幸灾乐祸地说。

"这样的天气不适合打狼!""我们不想当孬种!"猎人格格头撞开老猎人,昂首走出村子。

两支队伍出了村口,选择了老猎人走的路线。不一会儿,队伍消失在茫茫雪雾中。

"记住,早点回来!"老猎人大声喊着:"天黑之前必须赶回来!"队伍刚出村,雪突然加大了。大片大片的雪花像棉絮似的从空中撒扯下来。大雪下了一小时,地上就落了一层厚厚的雪。

起风了。风是突然刮起来的,卷起地上的积雪,混合着下落的雪花,分不清哪儿是天空,哪儿是地面。

雪时大时小。风时快时慢。天空阴沉沉的,根本看不见阳光了。

这是肆虐的暴风雪。

老猎人打发巴尔去各家看看,看那些人回来没有。

巴尔走后,老猎人再也坐不住了,在屋里走来走去,他为队伍担心。暴风雪天不要说打狼了,就是人时刻都有危险:迷失方向,掉进雪窟窿,被大雪冻死……他要命令村里的人,马上把队伍找回来。他又犹豫了,这个节骨眼儿上,会有人听他的吗?只要此话一出口,村里人的唾沫都能把他淹了。老猎人收住了脚步,不能打乱这个原本就不平静的村子,再也不能让人走进雪雾里。

风打着尖哨吹过村子上空。

雪花继续撕扯着往下飘落。

老猎人神色凝重地望着越来越暗的天空,他做好了最坏的打算。

4. 喋　　血

天黑了。

根巴所担心的事情终于发生了,打狼的队伍就像掉进了狼窝。

雪还在下,天黑糊糊的,无边的黑幕里纷纷扬扬地飘下来。风小了,能听到"噗噗噗"的落雪声。

恐慌笼罩在村子上空。村里留下的都是老人与妇女、孩子,他们再一次集中到根巴家里。

老猎人似乎早知道会有这种结果,也知道众人来求他。他低着头,仔细打着绑腿,一层压着一层,即使水也流不进去。他做完这一切,开始一件件往身上揣东西,干粮、火种、手电……最后背起那杆双筒猎枪。双筒猎枪被他擦得一尘不染。

红通通的火把照亮了老猎人刚毅的神情:"你们别慌!或许他们迷路了……我去找他们。""爷爷!"巴尔惊慌失措地拦住了爷爷,他已被暴风雪和眼前沉默的人吓坏了。

根巴深情打量着他:"巴尔,万一爷爷回不来,这打狼的任务就交给你了。"根巴停了停:"你应该知道如何打狼!"巴尔郑重地点了一下头,两行热泪流了出来。

风突然大了,雪也突然大了。

根巴望了一眼深不可测的天空,走了。那团跳动的火焰,在暴风雪中越来越小,最后淹没在风雪中。

人们的心里就像被暴风雪吹过一样,乱糟糟的,沉甸甸的。

村子里家家再次亮起门灯,这是老猎人吩咐的。原本用来吓唬狼的,现在却成了那些不归人的指路灯。

到了后半夜,才有人回到村里。不是一支队伍,也不是两支队伍,而是三个一伙,五个一群。他们看见村子里的灯光,疲惫至极的身子仿佛注入了一针强心剂,加快脚步,哪知,腿脚却不听大脑的指挥:"咕咚"一声,摔倒在地上。他们咬着牙,摇摇晃晃地站起来,还没站稳,又一次失去了平衡。他们再也不愿意站起来,体力已严重透支。他们只能爬,一点点地接近村子。

有人发现了,以为眼花了,是谁家的狗。不过,村里从没有这么大的狗,也没有这么笨的狗。再说了,这么冷的天,狗都躲进了屋子,怎么会突然冒出几只大狗呢?他们擦亮眼睛细看,天啊,这哪是狗,这不是那些早晨雄赳赳、气昂昂打狼的英雄们。他们来不及多想,扶起英雄们。英雄们个个脸色铁青,嘴唇哆嗦着,一句话也说不出来。当他们呆滞的目光看到眼前的亲人时,又一头栽倒在地上。

一阵手忙脚乱,英雄终于苏醒过来。英雄们开始鼻涕一把泪一把地讲述着经过:早晨一进山,他们就看见了狼群。狼逃跑的速度非常快,加上雪大,狼不一会儿就消失了。猎人哈布和格格头一商量,把队伍分开,撒下天罗地网,寻找狼。他们犯了一个致命的错误,这样的天气,人是很容易迷失方向的。

没有人想到这个后果。

天越来越黑,雪越来越大。他们一天没有吃东西,身体都冻透了,最后想到了回家。已经迟了,暴风雪中,他们无法辨认家的方向,个个像雪野里的孤狼一样四处乱撞。在他们快要坚持不住时,终于看到了一点儿火光。火光不是别人,是老猎人根巴。老猎人给了他们一些干粮,这才使他们有力量走回来。

英雄们断断续续地讲述,让屋里的人一下子清醒过来,现在或许还有人倒在村口。

果不其然,又有人回来了。他们的模样大同小异,动作却非常的一致,就像事先商量好了似的:爬着回来的。他们回到家,一句话也没有,身子一歪,就人事不省了。

就这样,两支浩浩荡荡打狼的队伍,从半夜,一直持续到第二天的中午,像散兵似的陆陆续续回到村里。他们仅仅看了一眼狼群,就被暴风雪打败了。

暴风雪停了。刮了两天一夜的暴风雪终于停了。整个大地变成了茫茫雪野,树消失了,村庄消失了,连绵延千里的罕山也变成一座大雪山。

还有四个人没有回来,猎人哈布和两个伙伴,另一个就是老猎人根巴。

恐慌再一次笼罩在村子上空。

又一个黑夜过去了,仍没有四个人的消息。

回来的人都意外遇见老猎人根巴,确切说是老猎人来拯救他们的。他们就像遇到了救苦救难的菩萨,目光从没有这么虔诚过,深情地看着早晨还被他们骂成孬种的老猎人。老猎人什么也没有说,给了他们干粮,告诉他们沿着他的脚印走回去,就不至于迷失方向。说完,他又向山里走去,继续寻找余下的人。因为遇到老猎人,他们少走了不少冤枉路。最后,谁也说不清老猎人去了哪里?

村里的男人商量着如何寻找四个人。

没有人通知巴尔。别看巴尔是老猎人的唯一亲人,在这个孩子身上根本看不出一个猎人的血脉,他胆小、懦弱、老实,连老猎人的一点儿影子都没有。另外,没有人通知他还有一个原因,虽然老猎人在月黑风高的天气里独自一人寻找大家,但男人们仍不能原谅他。那就是根巴没有在大家最困难、最危险的时候挺身而出。

村里组织了一支最精壮的队伍进山了。

队伍离开村子很远了,从村子里跑出一个人,他单薄的身体在寒风中摇晃着,似不堪一击,是巴尔。巴尔听说人们进山找爷爷,就追了出来。

队伍停了下来。

"回去!"猎人格格头吼了起来。这个一直被狼困扰着,始终无法发泄心中郁闷的猎人,终于找到了发泄的机会:"我们这里不需要孬种!""谁是孬种还不一定呢!"巴尔的声音不高,在茫茫的雪野上听来却异常的坚定。

格格头瞪着牛眼,走近巴尔。巴尔感觉到格格头的怒气、火气迎面扑来,快要把他烘干了。

"你准备了什么?"格格头虎生生地问。

巴尔抬起头,把钢叉往雪地上一插,一件接一件往外掏:火种、干粮、套索……

格格头皱了一下眉:"妈的,走!"队伍无声地出发了。刚下完雪,软软的,脚踩上去,一下就陷下去,半天才拔出来。后面的人踩着前面人的脚窝行走,队伍走得异常的缓慢。

在一望无垠的雪野里,十几个人就像十几只麻雀,是那么微不足道。一股巨大的旋风就能把他们吹得东倒西歪。

格格头停了下来,大口大口喘息着。他看了一眼远远落在后面的巴尔。他瘦弱的身子实在无法承受过多消耗体力的行走,几次差点摔倒,多亏手里握着的钢叉。他终于走近了队伍,刚想喘口气,格格头又迈开了大步。

巴尔望着越来越远的队伍,咬着牙,追了上去。

队伍进山了。原来风景优美的罕山,此时,变成了一座巍峨的大雪山。

去什么地方寻找四个人?

格格头皱紧眉头,他无法找到昨天与猎人哈布分手的地方。他看了一眼队伍,又看了一眼远处,巴尔竟然失踪了。

巴尔在行走的途中发现了异常,在一座高高的山窝前面,映出星星点点的红。至今爷爷未归,他对红色格外敏感。巴尔想叫住队伍,可队伍已经走出很远了。他也没有力气喊了。他咬了咬牙向小山坳走去。

近了,终于近了。

巴尔看得清清楚楚,那根本不是什么小红点,是血迹。一片血迹。鲜血把白雪染成了鲜红色。把整个山坳都染红了。巴尔的头"嗡"的一下,大了。他几乎一步一个跟头,跑进了山坳。

雪地上散落着衣服的碎片。碎片无一例外也被染成了红色,像一团团跳动的火焰,扎眼。巴尔用钢叉挑了一下,天啊,一截大腿骨赫然出现在钢叉上。

巴尔身子一歪,脚底下出现一个头骨。头骨狰狞可怖,直视着巴尔,他一下晕了过去。

5. 雪　　狼

一天了,猎人格格头没有发现哈布他们的任何踪迹,而且还走失了巴尔,他狠狠地诅咒着,不得不按原路返回。突然,雪地上出现了一行七扭八歪的足迹,是巴尔的。队伍停了下来,向远处张望。

巴尔痴呆地望着血肉模糊的残雪,到处都是人体残骸、衣服碎片,还有一杆猎枪。看到那杆猎枪,巴尔彻底崩溃了:"爷爷!"雪野上空回荡着巴尔撕心裂肺般的哭声。

"是巴尔。"队伍里有人听出了巴尔的哭声。

"有情况,做好准备!"猎人格格头手脚麻利地举起了猎枪,惊恐万状地望着前方。

没有狼,空旷的雪野上只有孤单、瘦弱的巴尔。

巴尔也看到了格格头他们。他哭得更凶了。

眼前的情景惨不忍睹:白森森的四肢、红彤彤的残雪、碎片似的衣服、散落一地的武器……这里经历了一场殊死的搏斗:人和狼。最终,人战败了。

队伍就像亲身经历了这场残酷的战斗,仍沉浸在还没有结束的战斗中。人人脸色苍白,目光呆滞,额头上渗出冷汗,一副失魂落魄的样子。

四周一片静寂。呼呼的山风杂夹着巴尔的啜泣声。

队伍开始清理现场,他们只能凭印象把每个人的骨架、衣服、武器……放在一起。当巴尔看到那杆猎枪时,他的哭声再次变成高分贝。

"别他妈哭了!"猎人格格头铁青着脸吼道:"你爷爷还没有死!"巴尔的哭声戛然而止。

地上摆放着三堆遗物。从猎枪看,它是猎人哈布的。其余的是他的两个同伴的。没有老猎人根巴的。

队伍扩大了寻找范围。巴尔的心情是复杂的,既希望找到爷爷,又害怕找到爷爷。找遍了小山坳也没有老猎人的足迹。

猎人格格头仔细端详着哈布的猎枪,枪膛里的子弹一颗没少。格格头眼前出现了一幅情景:三个人在暴风雪里走了一天一夜,饥饿、寒冷、疲惫……已经把三个人摧垮了。三个人终于找到理想的休息之处,他们顾不得那么多,一头栽倒在地上,昏睡了过去。这一睡,他们再也没有起来。

队伍默默收拾起三个人的遗物,离开了小山坳。

巴尔的哭声,像孤狼的嗥声在空旷的雪野上空回荡。

村里人怀着悲痛的心情埋葬了猎人哈布和同伴。这个发誓要与狼血战到底,让狼群为它们吃掉的牛、羊付出代价的猎人,最终葬身在狼口下。

沉默与悲痛笼罩着整个村子。每个人心中都充满了仇恨——对狼刻骨铭心的仇恨。复仇的信念和毅力考验着每个人的意志,灼烧着每个人的双眼。复仇的欲望是那么强烈,甚至他们都来不及隆重祭奠一下为全村牺牲的三个英雄,草草埋葬了他们。猎人格格头在英雄墓前发表了一番慷慨陈词、报仇雪耻的誓言后,队伍再次雄赳赳气昂昂地出发了。

巴尔也跟在这个队伍里。

没有人关心他,也没有人关心生死不明的老猎人,就像他本不是村里的人。几天来,巴尔除了沉浸在失去爷爷的悲痛中,还时刻感受到人们对他的冷漠,他知道这是缘于爷爷对狼的态度。村里人本来看不起这个少年,再加上老猎人在这场狼战中与大家泾渭分明的态度,加剧了对他的敌意。这种敌意并没有因为老猎人的失踪而消失,反倒转移到巴尔身上。

巴尔非常清楚他的处境。

他尽量跟紧这支队伍,不出声,不显眼,他除了寻找爷爷以外,还要用实际行动来证明自己绝不像爷爷那样,他要勇敢地杀狼,替爷爷和自己洗清不白之冤。

凛冽的寒风扫荡着无遮无挡的雪野。每个人都感觉到浸透肌肤的寒意,每个人心中却又是火热的。这种火热灼烤得他们不知道什么叫寒冷、疲惫、饥饿,那是对狼的深入骨髓的仇恨。

队伍走了整整一天,不要说看见一条狼了,就连一只鸟影也没看着,难道狼走了?

找不到狼的踪迹,每个人心中激起了更大的仇恨。

不幸让他们猜中了,狼走了。不是意识到闯下了祸,跑了;也不是狼的胃口饱了,或是找到了充足的食物,转移他处了。是一场突如其来的暴风雪提前结束了狼群在这里的活动。暴风雪后,大雪裹住了大地,找不到食物了,留下来不是饿死,就是冻死。

一场暴风雪,迫使狼群不得不离开这里。

几天来,队伍都是空手而归。

没有人注意到,有一条狼始终注视着这支队伍。它全身雪白,没有一根杂毛。白蹄、白头、白身,除了一双大大的、通红的狼眼外,全身上下一片白。这一身白色融入茫茫的雪野,根本分辨不清它是一条狼。它是狼王——雪狼。眼下,它暂时把狼王的位置让给另一条大狼,由它带领着狼群离开这里。它正在执行一项特殊的任务。

这支寻找狼群的队伍阻碍了它的行动。

雪狼趴在远处一动不动地观察着这支队伍,从远处飘来的空气里,弥漫着人体里喷发出的熊熊燃烧的欲望。雪狼不得不暂时搁浅了计划。

一连三天,雪狼都密切注视着这支队伍。

第四天,太阳还高高地挂在天空上。猎人格格头就早早结束了一天的行动。

巴尔远远地跟在队伍后面。无论是去还是回,他都与队伍保持着一定的距离。没有人把他拉进队伍,他也不想混进队伍。他就这样与队伍保持着一种若即若离的关系。

巴尔不解地看了一眼猎人格格头,又回身望了望远处。忽然,他看到一个雪球向这里滚来。他仔细擦了一下眼,雪球突然消失了。巴尔停了下来,认真打量着,一闪即逝的雪球再也没有出现。

队伍走出很远了,他不能离队伍太远了。巴尔紧跑几步,很快跟上了队伍。他有种预感,身后那个大雪球又出现了。他猛一转身,果不其然,雪球快速地向他这里滚了过来,近了,大了。大概雪球没有意识到巴尔会突然转身,它猛地收住脚步,极大的惯性让它的后身高高地翘了起来,通红的狼眼在明亮的阳光下泛着寒光。

巴尔的头"嗡"的一下,失声尖叫起来:"雪狼!"

6. 围　　剿

所有的人都听到巴尔的喊声。他们震惊了,近处就站着一条高大的雪狼。这只雪狼就像突然从雪堆里冒出来一样,威风凛凛,毫无畏惧地站在众人面前。

雪狼全神贯注地打量着巴尔。巴尔的双腿发颤,身子发抖,上下牙齿像打鼓一样敲个不停。

还是猎人格格头反应快,他迅速举起了猎枪。

雪狼向前一滚,犹如一个硕大雪球扑向众人。队伍暂时忘了打狼的任务,保命要紧,个个抱头鼠窜。哪知这招是假的,雪狼干扰了众人视线之后,身子虚晃,掉头向雪野深处跑去。

眨眼间,雪狼与雪野融为一体。

打狼的队伍眼睁睁地看着雪狼消失。

村里人不得不对少年巴尔另眼相看,失踪的三个人是他发现的,雪狼也是他发现的。难道他在这方面与众不同?难道这场与狼的战争,离不开他?人们又有了惊人的发现,自从巴尔在小山坳哭过后,再也没有看见他掉过眼泪。虽然他身体还很单薄、瘦弱,可过去那个鼻涕拉瞎、胆小如鼠的少年已经变成了一个坚强、果敢

的少年。他的目光终日闪着忧伤与仇恨。

巴尔的变化令猎人格格头暗暗高兴,又一个优秀的猎人将要诞生了。这个时候急需有胆有谋的猎人涌现。大敌当前,他必须对巴尔进行一场特殊的谈话。

"巴尔。"猎人格格头狠狠擂了巴尔一拳,这是猎人最高的奖赏,是对那些即将成为英雄人的特殊鼓励。巴尔踉跄了一下,又稳稳地站住了。他腼腆地笑了笑,敬重地看着猎人格格头。"好样的。不愧是老猎人的后代。"他的口气忽然变得忧虑起来:"老猎人怕是回不来了!""我与狼有不共戴天之仇,我要杀尽最后一条狼,让狼群断子绝孙!"巴尔脸色涨得通红,眼睛里闪动着泪光。由于激动,他的身体一直不停地抖动着。

"巴尔,我给哈布家人说一下,把他的猎枪借给你!""杀完狼,我就还给他们!"巴尔握紧了拳头。

巴尔的身份发生了前所未有的变化。研究打狼时,猎人格格头特意派人把他请来。商讨对策时,猎人格格头不时抬起头征询他的意见。走在队伍里,他的位置不再是最后,而是仅次于猎人格格头身后。他身上已经背上了猎人哈布的猎枪。哈布的家人慷慨地说,只要能打狼,哈布的枪就送给他了。那一刻,巴尔激动得一句话也说不出来,喘着粗气,半天才憋出一句话:"杀狼!杀狼!"现在,巴尔再也不是过去那个黄毛未褪尽、乳臭未干的少年了。

队伍仍是天亮出发,天黑进村。遗憾的是他们再也没有见过一条狼,包括那只突然出现的雪狼。

雪狼仍暗中跟踪着这支队伍。巴尔在队伍里的位置变化让雪狼不知如何是好。食物越来越少,寒气越来越重,家庭成员开始有狼反对了。迫不得已,雪狼选择了最危险,也是最快捷的方式执行任务。

一大清早,牛倌曹老六早早地赶着一群牛出了村。自从上次狼群吃掉大半个牛群之后,曹老六再也没敢远走过。

走到村口,牛群炸群了,惊慌地往村里跑。曹老六暗暗吃惊,一下想到狼来了。他一抬头,天啊,离他不到50米的地方,站着一条高大、凶猛的雪狼。

"狼!"曹老六跟头把式地往村里跑,一边跑一边发出惊恐的喊叫:"狼来了,狼来了……"目标没有出现,雪狼悻悻地离开了。

当人们拿着家伙赶来时,早已没了雪狼的踪迹。

"是这里吗?"猎人格格头问曹老六。

"是,是这里。我亲眼看见这里站着一条大雪狼!"由于惊吓,一直说话磕磕巴巴的牛倌曹老六说起话来竟然流畅了:"它好像不是来这里找食物的。""那它来干什么?"人们瞪着狼眼上下打量着曹老六,仿佛他就是那条雪狼。

曹老六"忽"的一下醒过来:"我要打死这条狼!"他咬牙切齿地发誓。

经过曹老六详细描述,他遇到的这条雪狼,就是在原野上出现的那条雪狼。

突然出现的雪狼打乱了队伍的计划。

猎人格格头把所有的人召集在一起,研究对付雪狼。

"既然雪狼送上门来,我们就在这里给它布下天罗地网!"巴尔眼里跳动着兴奋的火焰。他挠了挠头,具体什么办法,暂时还说不清楚。不过,他的话已经启发了大家,议论声和争吵声空前的高涨。

人们对这个小小的少年不得不另眼相看。

第一次失败而归,雪狼决定再冒一次险,这次无论如何都要成功。时间就是生命。它必须尽快地完成任务。黄昏的时候,那条

雪狼又出现在村口。

其实,整整一个上午,雪狼都打量着村子。它的目光锁定在两间土屋。土屋位于村子西北角,孤零零的。一天里,土屋始终静寂无声,没有它要找的目标。太阳快要落山,家家烟囱里冒出缕缕炊烟时,雪狼显得有些兴奋,目标该出现了。它悄悄接近了那两间土屋,伺机而动。

太阳快要落山了。

雪狼失去了耐性,竟然迈开四蹄向土屋走去。它走得有些焦急,有些茫然。不知是快要天黑的缘故,还是一天的等待让它失去了机警与谨慎。当它扒在墙头上,认真打量院子时,没有注意到有一双眼睛已经注意它多时了。

那个人闯进猎人格格头家。格格头一听,二话没说,让一个人迅速通知其他人。然后招呼屋里的几个人神出鬼没地出了村子。

眼前的情景,看得一清二楚,雪狼前肢扒住了墙头,硕大的狼头已经伸进院子。人群迅速地从后面包抄上来,不知谁脚底下发出"咯吱"一声。

雪狼反应特别灵敏,纵身跳进了院子。

雪狼打了个人们措手不及。不过,他们马上兴奋起来,这样更有利于捕杀,人群呼啦一下围了过来。哪知,雪狼的速度快得惊人,他们刚刚挪动脚窝,它又返身跳出了院墙。还是晚了,雪狼落入了包围圈。

从村子里赶来增援的人源源不断地涌向这里。

雪狼不愧是狼王,它临危不惧,用目光扫了一下,前肢点地,纵身向前一蹿,逃出了致命的包围圈。瞬间,更大的包围圈又形成了,再一次包围了雪狼。

村里人异常的亢奋,目光里燃烧着惊喜、激动、仇恨、勇敢……

他们喊叫着,挥舞着手里的武器,眨眼间,就筑成了一个滴水不漏的堡垒。猎人格格头有条不紊,井然有序地指挥着。包围圈一点儿一点儿地缩小。雪狼近在眼前,连跳动的眼睫毛都看得一清二楚。

巴尔的心怦怦跳得厉害,马上就要投入与狼的战斗,他要亲手杀了雪狼。爷爷至今未归,怕是凶多吉少。凶手就是狼。不管是哪一条狼,他都要杀狼,报仇,雪恨。他腿抖得厉害,表情却是刚毅的。他一步步逼近雪狼,身子明显比别人跨出了一大截。

包围圈还在缩小。

雪狼丝毫不慌张,它奇怪地打量着巴尔,这就是它要找的目标,想不到他们却是以这种方式见面了。它能完成身上的重任吗?它又看了一眼巴尔,巴尔的钢叉在黄昏中泛着寒光。不管怎么样,它都要完成使命!

雪狼看了看越来越小的包围圈。

它的前肢突然趴下,后肢高高地弓起。人们还没弄明白雪狼的意图,雪狼瞧准机会,直向西北奔去,那里人少,人与人之间的距离大,容易脱身。

"堵住它!"猎人格格头指挥着人群。

人群迅速地向那里集合。哪知,雪狼是虚晃一招,当它看到所有的人都向那里奔去时,它的前爪死死地撑住雪地,一个急刹车,掉转狼头,杀了个回马枪。这一招太厉害了,顿时,包围圈露出一个豁口,雪狼完全可以借机逃走。

其实巴尔已经看出雪狼的假动作。要知道,他可是老猎人根巴的孙子。

雪狼根本没有逃跑的意思,直奔势单力薄的巴尔。

巴尔挥起钢叉,迎向雪狼。

彩了，身上立即出现一条鲜红的血迹。

雪地里一片肃静，能听到彼此"怦怦"的心跳声。

雪狼毕竟是狼王。即使面对险象环生的处境，也不失一个王者的风范。雪狼甩起大头，最后看了一眼躺在地上的巴尔。纵身，向雪野深处飞奔而去。

凛冽的寒风呼啸着刮过原野。

人们震惊了，为雪狼出人意料的举动震惊了。

巴尔艰难地爬了起来，裤子湿了一大片。

猎人格格头始终一句话也没说，低着头，一步步向村子里走去。整支队伍失去了刚才的兴奋与激动，个个蔫头耷拉脑。

巴尔躺在炕上，眼前始终晃动着雪狼的身影。从第一次发现雪狼，到一天当中雪狼两次出现在村口，以及刚刚发生的一幕。雪狼没有吃掉他的意思。如果吃掉他，十个巴尔也不存在了。雪狼能轻易躲过钢叉，它不但不躲，而且还迎着钢叉飞了出去，很明显，雪狼要救他。因为救他，雪狼受伤了。

巴尔忽然想到，雪狼扒住墙头，向院子里张望，似乎这里有它曾经熟悉的东西。巴尔心里猛地一颤，一定缘于爷爷。难道爷爷和雪狼之间发生了什么事情？

两间土屋是老猎人的。

雪狼来这里绝不是寻找老猎人，老猎人自从在暴风雪的夜里失踪后，再也没有回来。那它一定是来寻找他的亲人——巴尔。巴尔是老猎人唯一的亲人。

巴尔这才想到，为什么雪狼温情地看着他，为什么扑倒不伤害他，为什么在最危险的时刻又救了他，最后又恋恋不舍地离去。

巴尔又想起爷爷经常挂在嘴边的话："苍生不可杀"。爷爷经常说，别看四条腿的动物，也像人一样有感情。这显然不符合猎人

雪狼以闪电的速度躲过钢叉,跳到巴尔的背后,它一下子站立起来,前爪重重地拍在巴尔的身上。巴尔身子一趔趄。雪狼就势用硕大的狼头一顶,巴尔身子失去了平衡,一头栽倒在地上。雪狼快如闪电,身子向前一纵,不偏不倚落在巴尔的身上。

人们惊呆了,胆小的闭上了双眼;胆大的愣怔怔地看着,心脏仿佛停止了跳动。

雪狼的目光变得温和,甚至惊喜,没错,它找对了目标,它成功了。往日里,它在风中闻到的气味与眼前的气味是一样的,与老猎人身上的气味是一样的。这证明它是一条才华出众的狼王。

雪狼温情地看着巴尔。

巴尔也看着雪狼,目光里的仇恨消失了,只有惊慌与恐怖。

雪狼足足看了巴尔一分钟,突然举起大头,仰天长嗥,旋即,露出锋利的狼牙,对准巴尔的咽喉落了下去……

7. 与狼共舞(1)

关键时刻,格格头显出了猎人的本色。他大吼一声,扔下手里的猎枪,夺过一把钢叉,向雪狼冲去。大概是天冷地滑,再加上着急,原本刺向雪狼的钢叉却直奔巴尔而去。所有人呆若木鸡。即使雪狼放过巴尔,格格头的钢叉也会刺进巴尔身里,非死即伤。

雪狼看见了飞过来的钢叉,它只要轻轻一跳,就会轻易躲过钢叉,那样一来,巴尔就永远别想起来了。此时,雪狼做出了令人匪夷所思的举动,它没有躲开钢叉,而是迎着钢叉蹿了出去,前爪准确无误地击向钢叉。雪狼的前爪重重地砸在钢叉上,钢叉"咔嚓"一下插进雪地里,离巴尔的身体仅有半掌。巴尔得救了。雪狼挂

的性格。可方圆百里谁不知道根巴是出了名的猎人,是一位威望很高的猎人。

老猎人曾给巴尔讲过一个动人的故事:

一年冬天,下过几场清雪,天寒地冻。老猎人根巴(还是壮年)清晨去打猎。走进罕山时,天空中突然飘起了暴风雪。那个雪大啊,根巴活了40岁,还是第一次遇到。雪大,风大,天异常的冷。他又迷路了,在罕山里整整转了一天也没有走出来。这时,他又冷又饿又累,可他不敢坐下来。否则,就再也站不起来了。

天渐渐黑了。

根巴点着火把继续寻找回家的路。走来走去,他发现了一个山洞,没有多想就钻进了山洞。山洞很深,越往里走越暖和。他继续往里走,想找个干燥的地方歇一歇。

山洞弯弯曲曲,越来越难走。只能弓着身子,最后躬身也走不了。他就坐下来。突然闻到一股浓浓的狼臊味,他激灵打了一个冷战,意识到误闯入狼窝了,等于往狼嘴里送肉。根巴丝毫不敢怠慢,迅速做好准备,紧张注视着。

当他看到眼前的情景时,轻轻松了口气。在离他5米远的地方,趴着5个狼崽。狼崽还没有睁眼。大概它们一天没有吃东西了,加上天冷,再加上人的异味。狼崽身子抖个不停,拼命往一起挤,结果你挤出我,我挤出你。

这个季节很少有狼下崽的,可什么都有个例外。这个例外让根巴碰上了。

或许暴风雪的缘故,母狼没有找到食物。或许迷路了,母狼始终没有出现。

5个狼崽拼尽了最后一丝力气,再也不挤了,身子却抖个不停。这样的天气,狼崽不冻死也会饿死。那一刻,根巴做出了一

个常人无法理解的举动,他要救活狼崽。

他重新走出山洞,捡来一捆树枝。在山洞里点起了篝火。火光顿时照亮了山洞,狼崽也不抖了。

根巴抓起狼崽看了看,狼崽已奄奄一息。

根巴毫不犹豫地拿出身上仅有的两个馒头。烤熟后,他把馒头掰成碎片,塞进狼崽的嘴里。5个狼崽分食了仅有的两个馒头。食物的香味把狼崽从死亡线上拉了回来。

根巴把5个狼崽放在从里往外散发着温度的火堆边。

根巴做这一切时,完全没有注意到已经悄然进洞的两条狼。当两条狼看见这一幕时,目光里的凶残消失了,变成了友好与信任。

奇迹、和谐的一幕出现了。一个山洞里,最温暖的地方睡着5只小狼,然后是猎人根巴,最外面是两条狼。一个猎人,7条狼,相安地度过了一个不眠之夜。

第二天,雪停了。罕山变成一座大雪山,没有村庄,没有人,也没有动物。

根巴身上已经没有粮食了,他必须离开这里,否则就会饿死。茫茫雪野又让他惧怕了,他无法找到回家的路。

公狼猜出了根巴的心思,它轻轻走到母狼跟前,用嘴咬了咬母狼的脖子,母狼也咬了咬它的脖子。最后它走到根巴身前,叼起根巴的裤角。

那一刻,根巴明白了公狼的意思,悄悄地跟着它出发了。

一天一夜,根巴安然无恙地生还,这简直是个奇迹。

老猎人不止一次讲起这个故事。

动物并不是都是残忍的,也是友善的,能与人类和谐相处。巴尔对这些话半信半疑,直到这些事情发生在自己身上,他才真正理

解了爷爷的话:"苍生不可杀"。

巴尔不禁为一时的冲动和发过的誓言而后悔。

8. 跟　　踪

村里人开始用另一种眼光看巴尔,认为巴尔是不祥之兆。这种不祥之兆首先是从老猎人根巴开始的,根巴失踪了,至今尸骨未见。雪狼一天当中两次出现在根巴的小屋附近。紧接着巴尔从狼嘴里脱险。有人竟愚蠢地认为雪狼都不愿意把巴尔当食物。

猎人格格头却不这样认为,他亲眼目睹了那惊心动魄的一幕,雪狼是有意放过巴尔。还救了巴尔。如果不是雪狼的奋力一击,格格头不仅会失去猎人的称号,而且抱恨终生。

在猎人格格头的心中,什么东西都是对等的,没有平白无故的付出,也没有无缘无故天上掉馅饼的好事。雪狼在危急关头不顾生命挽救了巴尔,这又为什么?当人们的不祥之言一浪又一浪塞进格格头的耳朵时,他清醒地认识到必须利用巴尔这个特殊的身份,找到那条雪狼。找到雪狼就找到狼群,找到狼群才能报仇雪耻。

猎人格格头说出心中的计划时,人们像不认识似的看着他。格格头详尽地解释着,人们的额头才渐渐舒展开,对狼的仇恨暂时抹去了对巴尔的偏见。

这时,人们才意识到本应该出现的巴尔并没有出现。

猎人格格头心里"忽"地一沉,这次他才真正感到不祥,马上派人去找。

巴尔来了,目光没有像往日明亮、兴奋,仿佛还没有从惊吓中缓过神来。

"巴尔!"猎人格格头拉住他的手:"害怕了吧?"巴尔轻轻地摇了摇头。

格格头笑了:"不愧老猎人的后代!"他欣喜地看着巴尔:"作为一个真正的猎人,这只是个小插曲。真正的猎人都是这样摔打出来的。你狼不是厉害吗,我要比你厉害十倍、一百倍,直到把狼斩尽杀绝。再说了,真正的猎人哪怕丢掉一条胳膊、一条腿也要跟它们血战到底。好了,我们休息两天,再去找狼。"巴尔始终一语不发。

猎人格格头偷偷打量了一眼巴尔,心里画了个魂儿:这小子别像他爷爷那样没出息。

村里人并没有闲着。他们针对雪狼出现的规律,在老猎人屋子附近埋下打狼的夹子。又死皮赖脸地从邻村的猎人手里借来两杆猎枪。加上本村猎人格格头和哈布的两杆猎枪,一共四杆猎枪,对付狼群是不成问题的。他们还顺手牵羊偷来一个望远镜。这个高倍望远镜是猎人的宝贝,他们答应等打完狼,完璧归赵。为了确保万无一失,他们又请来经验丰富的猎人制作了大量套狼用的套索、套网、套杆……总之,只要雪狼出现,就让它有来无回。

巴尔矛盾极了。他希望雪狼出现,雪狼出现,有可能获得爷爷的消息。他又怕雪狼出现,村里人给雪狼布下了天罗地网。雪狼能躲过这一劫吗?

清晨,队伍出发了,向着两天前雪狼逃跑的方向行进着。队伍里又加入了新的面孔。四杆猎枪在寒风中猎猎闪光。

这次,巴尔又走在队伍的最后面,与队伍保持着一段距离。是猎人格格头安排的。

狼是狡猾的,它们经常变换行动路线。冰天冻地,雪地上很难留下狼的踪迹。呼呼的北风又吹散了狼的气味。追着狼的行踪找狼,如同拎着棒子叫狗。

巴尔心里暗暗窃笑。

队伍行走在连绵起伏的雪野上,仅仅见到了有限的狼的足迹和狼粪。

"这里就是狼经常活动的地方。"猎人格格头仰望着高矮不一的雪峰:"没准就有狼洞。""我们走近看看!"队伍喧哗起来。

格格头制止了队伍:"会把狼吓走的。"队伍停止了喧哗,认真地打量着雪峰。

巴尔注视着远处"U"形的两座山峰。两座山峰一大一小,一高一矮。在"U"形口处,突兀地立着一个大雪球。雪球一动不动。巴尔擦了一下眼睛,感觉那个雪球动了。他心里一惊,会不会是雪狼?

"天不早了,明天我们进山!"队伍往回走。

没有人注意巴尔。

巴尔眺望着雪球,冲它挥了挥手,那个雪球竟然滚动了。巴尔又大幅度挥了一下手。"嗷",从远处传来近似狼的嗥叫,极短,一闪而过。巴尔心里一阵惊喜。

队伍突然停了下来,纷纷回头张望。

巴尔与队伍隔着一段长长的距离。

"巴尔……"猎人格格头急切地问:"发现了什么?""什么也没有!"巴尔躲开了他的目光。

格格头狐疑地看了他一眼。

第二天,太阳很高了。队伍已在猎人格格头家里集合。只差巴尔一人,左等也不来,右等也不来。"这小子是不是被狼吓坏了?"自从上次狼嘴下脱险后,巴尔打狼的热情明显地减弱了,总是一副心事重重的样子。

猎人格格头派人去找。那个人去得快，回来得也快，他手里拿着猎人哈布的猎枪。巴尔家的门开着，却不见巴尔。

这是巴尔耍的一个小聪明，天没亮他就出发了。

"不好！"猎人格格头猛地醒悟起来："他发现了狼。""什么？""快走！巴尔这犊子没准像他爷爷，给狼通风报信了。"格格头咬着牙，指了指猎枪："现在，他已经完全变成了那个老东西。""什么？"人们愤怒了，爆发了："追，快追！"队伍沿着昨天的方向追了下去。

根据猎人格格头的判断，昨天他看见巴尔长时间地注视着山峰，他就发现有问题。今天看来，这些都应验了。

队伍走得很快，接近中午的时候，他们已经来到罕山脚下。

的确："U"形雪峰上出现的雪球就是雪狼。巴尔挥手时，雪狼也认出巴尔，并向他传递了一种信息。巴尔虽没听懂，但感到一定与他有关。他决定孤身接近雪狼，揭开雪狼身上的秘密。

巴尔走近罕山脚下，望了望高高的两座"U"形雪峰。雪峰坡度很大，巴尔艰难地爬上雪峰。"U"形雪峰前面有一个大平台。平台的后面有两座突兀的雪峰。他好奇地打量着雪峰，昨天，雪球就是在这里滚动的。换句话说，雪狼就是在这里走来走去的。雪狼为什么在这里走来走去呢？

巴尔又仔细地打量着雪峰，忽然，他发现了一个黑糊糊的洞口。洞口很隐蔽。隐藏在一座雪峰的阴面。巴尔心里一阵激动，他有种预感：不解之谜马上就要解开了。

巴尔回头望了一眼来路，没有跟踪。此时，猎人格格头他们正隐蔽在山坳里。格格头手里拿着望远镜，巴尔的一切举动他都看得真真切切。

望远镜里，巴尔消失了。

9 与狼共舞（2）

巴尔四下看看，没有雪狼。他犹豫了，既然雪狼把他招到这里，为什么不出现呢？他又看了一眼黑糊糊的洞口，莫非秘密就在山洞里。他又想起爷爷给讲的故事，难道爷爷也在这里？想到此，他小心翼翼地钻进了山洞。

这是个天然的山洞，很深。洞口狭窄。过了洞口，里面就显得宽敞了，可以直立行走。巴尔点着火把，脚下加着万分小心。

山洞里很温暖。空气中混杂着异味。

巴尔没有多想，往深处摸索着。山洞越来越窄，越来越矮。空气中的异味强烈起来，巴尔一惊，这是狼臊味。他猛地收住脚步，细细打量着山洞，与爷爷描述过的山洞大同小异。唯一不同的是，山洞在前面拐了一个直角弯。

巴尔心"咚咚咚"跳得厉害，害怕？恐惧？惊喜？……一起涌上心头。最终，巴尔向山洞里爬去。

拐过直角弯，山洞豁然开朗，有一间房子那么大。在靠近山洞的左侧，有一堆燃过的灰烬。巴尔眼前一亮，难道爷爷讲的故事再一次重现了。巴尔紧张地寻找第二堆灰烬，没有，只有一堆灰烬，除了这堆灰烬什么也没有。

突然，一个人影投在火把的亮光里。

巴尔的心停止了跳动，头发根竖了起来。他回头匆匆看了一眼，天啊，爷爷安详地坐在那里。

"爷爷！"巴尔扑了过去。

老猎人根巴走进暴风雪,直奔罕山脚下。那里山高林密,加上漫天的暴风雪,队伍很容易迷路。

老猎人一边举着火把,一边大声呼喊着。渐渐地,他碰到了三个一群,五个一伙的队伍,他一边吩咐这些人赶快离开这里,一边打听着其他人的下落,然后奋不顾身地向深山里走去。

经过一夜的寻找,老猎人几乎碰见了所有的人,唯独没有看到猎人哈布。他所担心的就是哈布,哈布心眼小,损失又惨重,为了打狼已是孤注一掷。

这时,天已经大亮。雪还在下。

老猎人已是筋疲力尽,可他不敢停下来,仍呼喊着"哈布"的名字。其实,昨天夜里,哈布与另外两个同伴已经果腹狼肚了。三个人一屁股坐下,就再也没有起来。睡梦中,被二十几条狼撕扯了,只剩下残骸。作为老猎人,他应该知道,这样呼喊、行走无异于向狼群传递着信号,可他已经顾不得这些了。空气中弥漫着他的香味——食物的香味,狼闻到了诱人的香味。一个十几条狼的家庭悄悄包围了他,他却浑然不知。

"哈……"一条壮狼腾空而起,呼风唤雪般地扑向老猎人。

老猎人意识到有狼偷袭,躲已经来不及了。他就势往前一扑,本以为借助惯性向前一滚,躲过这一劫。怎奈雪太厚了,身体太疲惫了,老猎人结结实实地摔在地上,人事不省。

壮狼轻易扑倒老猎人,就势在空中急转身,张开血盆大口直奔老猎人。在这千钧一发之际,只见斜下里飞过一团白影,狠狠地撞在壮狼身上,壮狼重重地摔在雪地上。

是狼王雪狼救了老猎人。雪狼就是20年前被老猎人救过的其中的一个狼崽。

雪狼带领着狼群为了活命,越过罕山豁口,从北山转移到南

山。是它带领着狼群雪洗了村子。直到第二次洗劫村子,狼王才闻出了老猎人的气味。它向狼群传达了死命令:不准动老猎人的一根汗毛。

狼王是优秀的,它不但牢牢记住了20年前老猎人的气味,还知恩图报,自从嗅出老猎人的气味后,它就率领狼群撤离了村子。狼群长时间吃不到食物,再加上天气异常的寒冷,狼群疯了,竟然不顾它的命令,一次又一次地清洗村子。狼王一口气咬死了两条壮狼,才制止了这种疯狂的举动。就在它准备带领着狼群转移时,突然而至的一场暴风雪推迟了它们的行动。

两天一夜的暴风雪,让狼群再次认识到生存的残酷。它们的鼻子异常的灵敏。由于鼻子异常的灵敏,它们的胃口异常的饥饿。胃口异常的饥饿又导致鼻子异常的灵敏。

在壮狼一家悄悄包围了老猎人时,雪狼也嗅出了老猎人的气息,危险随时降临到老猎人身上。

壮狼一翻身爬起来,虎视眈眈地看着雪狼。它的家庭成员"忽"的一下围住了老猎人。

雪狼仰天长啸,向壮狼一家讲述了20年前那个感人的故事。壮狼也仰天长嗥,讲了它们一家的危险,没有食物就会饿死、冻死。壮狼的胆量激起狼家族对狼王的仇恨,这个节骨眼儿,你竟丧失狼性,还叫狼王吗?

狼王威风扫地。壮狼的家族团团围住老猎人的同时,也团团围住了狼王。壮狼用眼神告诉家庭成员,实在不行,把它也干掉。家庭成员默许了。

处境危险。如果狼王不行动,不但救不了老猎人,它也身陷图圄。雪狼果断出击,趁壮狼还没有采取行动,纵身飞起,对准壮狼的脖子就是一口。这一口又狠又准,壮狼轰然倒地,蹬了蹬腿,再也不动了。

雪狼不敢恋战,转身回到老猎人身旁。

狼家族失去了主心骨。它们互相看了一眼,迅速做出决定,一起涌向壮狼,分食了它。

这就是狼,有极其残忍的一面,又有感恩的一面。

壮狼一家走了。雪狼用厚实的大舌头一遍又一遍舔着老猎人的脸。老猎人睁开眼睛,眼前站着一匹高大、像雪一样白的狼。是眼前这条狼救了他。他没有惊慌,感激地看了一眼雪狼。雪狼也打量着他,目光柔和、温驯。

这样,老猎人跟着雪狼走进了山洞。

雪狼十分清醒,它的行为会惹怒狼群。它不但因此失去狼王的权力,很有可能殃及自身。雪狼是聪明的。它把狼群召集在一起,告诉它们,今年雪太大了,大家以家庭为单位分开吧,去没有暴风雪的地方。它作为狼王,没有尽到职责,失职了。狼群听了,只安静了半刻钟,随后就消失在暴风雪中。饥饿、寒冷让它们顾不得留恋,保命要紧。

雪狼一家没有走,它要把老猎人安全地送回村子。

暴风雪还在下。

老猎人又冷又饿。他取出火种,点燃了干柴。狼是怕火的。可出奇的天寒也改变了狼的特点,它们远远地围在火堆四周。老猎人从身上掏出最后两个馒头。

雪狼眼前一亮,温馨的记忆弥漫在心头。

馒头的香味引得其他狼胃口大开,它们大口大口吞咽着唾沫。有的狼盯紧了老猎人,如果没有雪狼的监视,它们早已扑向老猎人,扑向这具香喷喷的肉体。

老猎人不慌不忙烤着馒头,作为一个老猎人,他知道狼想什

么。馒头烤熟了。他掰下一半,扔给最小的一条狼。

雪狼反应出奇的快,它一口叼住馒头,走到老猎人身旁,放下嘴里的馒头,又悄悄地退了回去。

老猎人目光里闪着泪花。"苍生可敬!"老猎人幸福地看着近在咫尺的雪狼,从容地吃掉了两个馒头。

火堆渐渐地熄灭了。

老猎人睡着了。

睡着的老猎人再也没有醒过来。

10. 王　　者

老猎人的尸首再一次勾出雪狼家庭成员的欲望。它们没有必要再忍受饥饿,可以饱餐一顿了。

一条狼惊喜地向雪狼报告了这个消息。雪狼狠狠瞪了它一眼,撞开狼群,走上前,仔细地闻着,嗅着——老猎人确实没有了呼吸。

雪狼悲哀地看着家庭成员,它没有能力救活恩人,眼睁睁地看着恩人死去。

家庭成员焦急地望着雪狼,只等它一声令下,它们随时扑向美味。

雪狼仰天短嗥:"老猎人虽然死了,但他还活着。没有我的命令任何狼不许碰他!"雪狼的目光威严地扫过每条狼。它用目光告诉家庭成员,王者的话不可犯。

雪狼苦苦思索着,老猎人死了,死而不能复生。如何告诉他的家人?食物越来越少,天气越来越冷,它们必须尽快离开这里。许多意想不到的事情随时都有可能发生。

雪狼请求家庭成员给它几天时间,它要寻找老猎人的亲人。

它的话还没结束,狼群就像开了锅,争吵、谩骂此起彼伏。它们的声音五花八门:"你疯了?""寻找他的亲人?不等于玩火自焚!""这样做不是引狼入室!"……家庭成员又发起了牢骚:"食物越来越少,你看看,我们的毛色失去了光泽,那些小狼们瘪胸塌腰。""你还犹豫?再不离开这里,别处的食物也都被早去的狼抢光了,到时我们只能喝西北风了!""算了,我有一计。"那条首先知道老猎人死亡的狼制止了争吵,它胆怯地看了雪狼一眼。"我们已是仁至义尽,不妨先吃了他,然后离开这鬼地方。"雪狼的眼睛一下倒竖起来,在这残酷、严峻的环境下不以非常的手段教育它们,总有狼违背命令。那条狼还在鼓动着三寸不烂之舌,阴险地发动一场暴乱。雪狼挺身飞起,张开血盆大口,一口就结果了那条狼的性命。那条狼蹬了蹬腿,眨眼间阴阳两隔。

家庭成员目瞪口呆。雪狼低嗥了一声,吩咐大家吃了那条狼,它却一口未动。

雪狼用它的果敢、威严、残忍的手段和对饥饿的毅力,制止了一场暴乱。

雪狼叮嘱一条老狼看守老猎人的尸首,它去寻找老猎人的亲人。

在凛冽的寒风中,雪狼闻到了与老猎人相似的气息。这种气息是从一个少年身上发出来的。为了能尽快找到少年,它不顾危险,两次出现在村口。它扑向少年,是想进一步验证自己的判断。果然不出所料,它苦苦寻找的就是眼前这个少年。为了不至于引起他人的怀疑,它才有意这样做的。它不会说话,就看这个少年的悟性了。只要少年找到老猎人,它马上带着家庭成员离开这里。它们一个个瘦得皮包骨,再不离开,就有倒下的危险。

少年是聪明的。

清晨,雪狼早早地出现在雪峰上,当它看到少年向这里走来时,它率领着家庭成员悄悄地出发了。

巴尔无法相信,这么多天过去了,爷爷竟然安详地坐着。他又想起了那条雪狼,是雪狼保护了爷爷,又是雪狼通知了他。

"雪狼!"巴尔深情地呼唤着。回声在山洞里久久不散。

巴尔泪流满面地走向爷爷,耳旁回响着爷爷讲的那个故事。现在,这个故事变成了狼救人,是他亲眼所见。他再一次想起爷爷那句话:"苍生不可杀"!

"轰隆"一声,巴尔靠的石壁塌了。巴尔随着石块滚向洞外。

山洞是天然的,有很多出口。当时呼呼的北风灌进来,老猎人用洞里的石块堵上了。石头有限,只能堵到一半。老猎人睡着后,雪狼重新把洞堵严实。那么厚的雪,也不知雪狼从什么地方叼来的石块。

坍塌的地方是山洞的阴面,积雪又厚又滑。巴尔惊叫着,根本稳不住身子,越滑越快,坠入一个深坑。这是一个大坑,有两间房子那么大。很深,离地面足足有十多米。坑的四周是白皑皑的冰雪,光滑无比。他试了试,根本爬不上去。

"来人啊!"雪谷里回荡着巴尔的喊声。

雪后的罕山,连个鸟影都没有,怎么会有人呢?巴尔垂头丧气。他心里无比焦急,天很快就要黑了,天黑之前出不去,夜里冻也得冻死。

"来人……"巴尔忽然想起了那条通人性的雪狼,在这荒无人迹的地方,只有雪狼才能救他。

"雪——狼——"空荡荡的罕山回荡着:"雪——狼——"此

时,雪狼正带领着家庭成员离开罕山。突然,它隐隐约约听到了喊声,喊声焦急而无奈,惊慌而失措,悲伤而稚嫩……喊声是那个少年发出来的。

雪狼的脚步停了下来,它对群狼说:"你们先走,我去看看。"它又不放心,叮嘱了一句:"听到我的召唤,你们立即回来!""雪——"巴尔惊呆了,雪狼真的出现了。"雪狼,快救我上去!"雪狼来不及庆祝与巴尔重逢的喜悦。它沿着坑边走着,观察着,思考着,突然,它有了主意。它昂起硕大的狼头,运足力气,仰空长啸:"嗥——"嗥声绵长悠远。它接连叫了三声。这三声是向家庭成员发出的紧急救援的信号。

也是这三声狼嗥,暴露了它的身份。那支队伍从后面包抄了过来。

眨眼间,四周出现了二十几条狼。它们看着狼王,知道雪狼要救眼下这个少年。雪狼的家庭成员已经习惯了它的命令,变得像雪狼一样仁慈、友善。

雪狼看了看它的家庭成员,第一个跳下坑。紧接着二十条狼相继跳下坑。瞬间,坑底挤满了二十几狼。那支围捕狼群的队伍还没有出现。如果他们看到此情此景,就是杀了他们也不敢相信这一幕:狼与人友好相处。

奇迹出现了!连巴尔都不敢相信,狼有那么多的智慧。

在狼王雪狼的指挥下,两条壮狼并排站好。然后又两条狼站好,站在前面两条壮狼的头上。这样,狼头接狼尾,狼尾接狼头,一条"狼道"铺到地面上。

巴尔心情汹涌澎湃。他笨拙地爬上狼背,踩着狼身,拽着狼毛,慢慢地向上攀。所有的狼一动不动。巴尔感觉像踩在棉花上,不,棉花没有体温,也不会让巴尔感动。巴尔一边爬,一边热泪盈眶:

"苍生不可杀！苍生可敬！""哈哈哈……"狂妄的笑声早就应该爆发了。只不过，他们看到眼前千年难得的场面，个个如同泥塑的怪胎。他们张着大嘴，瞪着无神、迟钝的目光，面露怪异的神情，像傻瓜一样。巴尔安全脱险："咚"的一声倒在地上，震醒了他们。他们才从嗓子里挤出阵阵干笑。

狼群重重跌进深坑。

巴尔看见了猎人格格头。猎人格格头也看见了巴尔。他一手端着猎枪，一手冲巴尔竖起大拇指。巴尔看见那杆猎枪，猛然醒悟过来。他不顾一切地跑进山洞，一把抓过老猎人的双筒猎枪，端着猎枪出现了。

"好样的巴尔！你把狼统统地骗到这里，不愧老猎人的后代！"猎人格格头眉飞色舞："我要看着你亲手宰了它们。"巴尔一句话也不说，黑洞洞的枪口慢慢对准猎人格格头的大脑袋。

格格头一惊："你干什么？""放了它们！"巴尔目光不离格格头。

"什么？你疯了？"猎人格格头恨得牙根都痒痒："你爷爷被狼吃了，难道你不想报仇？""我爷爷根本没有被狼吃。是狼救了他，保护了他！"有人好奇地跑进了山洞，又惊叫着跑了出来。他们抬着安详入睡的老猎人。

猎人格格头惊呆了，这就是在狼患成灾的罕山雪野整整待了半个多月的老猎人，他不仅身体安然无恙，而且神态安详，他一定是幸福地睡着了。格格头毕竟是格格头，他眼珠一转："老猎人是神。他不忍心离去，他要看着我们消灭罕山所有的狼……""不！"巴尔打断了格格头的话："我爷爷先前就说过，'苍生不可杀'，这是他打了一辈子猎，总结出来的最真实的一句话。狼像人一样有感情，重义气，知恩图报！如果不是雪狼保护了他，他不会这样安详的!""你不要忘了那些损失的牛羊,还有那些死去的英雄们!""这是天灾。如果不是寒冷,不是饥饿,狼不会来到南山。要怪,只能怪这天气,怪这暴风雪。""浑蛋!"猎人格格头青筋暴起:"你就像那个老浑蛋一样混账。你们污辱了我们猎人的称号,也违背了人类千年的忠告,竟然与狼为伍。今天,我就一起收拾了你!""别动!你要再动一下,我就让你脑袋开花!"巴尔出手极快,乌黑的枪口顶住了猎人格格头的大脑袋。

"王八蛋,我就不信这个邪!"猎人格格头的枪口也对准了巴尔:"今天,就是我们都完蛋了,我也不怕。不要忘了,我还有三杆猎枪,还有那些人,它们是跑不了的。"猎猎的寒风呼呼地刮过雪峰。雪野里一片肃杀。

眼前的情景,雪狼看得一清二楚。它虽然听不懂他们说什么,可它知道,一方是想把它们一网打尽,巴尔却一心要保护它们。它确信自己做得对,老猎人值得救,少年巴尔也值得救。

雪狼又昂起它硕大的狼头,冲天发出悲情与喜悦的一声长嗥。突然飞起,迎着坚硬的冰雪撞去:"砰",冰雪上绽开鲜艳的花朵。

"雪狼!"茫茫罕山回荡着巴尔凄凉、悲壮的呼声。

寒风突然大了,吹起漫天的清雪。

飘扬的雪花越聚越多,遮住了将要落山的夕阳……